Easy *Spanish* Reader

A Three-Part Text for Beginning Students

William T. Tardy

T0017322

Premium Fourth Edition

Mc Graw Hill

New York   Chicago   San Francisco   Athens   London   Madrid
Mexico City   Milan   New Delhi   Singapore   Sydney   Toronto

3 4 5 6 7 8 9   LCR   25 24 23 22

ISBN   978-1-260-46360-6
MHID   1-260-46360-5

ISBN   978-1-260-46361-3
MHID   1-260-46361-3

Photo credits: p. 1, Larry Hamill; p. 24, incamerastock/Alamy Stock Photo; p. 58, Artville; p. 64, PhotoDisc; p. 71, Digital Stock; p. 74, 84, 93, CORBIS; p. 99, Library of Congress Prints and Photographs Division [LC-USZ62-33515]; p.102, Library of Congress Prints and Photographs Division [LC-USZC4-741]; p. 110, McGarw-Hill Education; p. 123, Bettman/Getty Images; p.126, CORBIS; p.134, Getty's Open Content Program; p. 136, Library of Congress Prints and Photographs Division [LC-USZ62-77975]; p. 139, Max Trujillo/Stringer; p. 140, Carlos Tischler, Getty Images

McGraw Hill products are available at special quantity disconts to use as premiums and sales promotions or for use in corporate training programs. To contact a representative, please visit the Contact Us pages at www.mhprofessional.com.

McGraw Hill Language Lab App
Extensive audio recordings (requiring Internet connection), flashcards, and a digital glossary are all available to support your study of this book. Go to www.mhlanguagelab.com to access the online version of this application, or to locate links to the mobile app for iOS and Android devices. More details about the features of the app are available on the inside front and back covers.

Other titles in this series:
Gaafar & Wightwick / *Easy Arabic Reader*
De Sales / *Easy French Reader,* Premium Fourth Edition
Saggese / *Easy Italian Reader,* Premium Third Edition

Introducción

*E*asy *Spanish Reader* is a book that beginners in Spanish can actually read—almost from the very first day of study. It uses elementary vocabulary and keeps verb tenses to a minimum. The book contains three sections, **Enrique y María, Historia de México,** and **Lazarillo de Tormes.** The readings in each section are followed by activities. When a word appears that you may not know, it is glossed in the margin. A **Repaso** appears after each group of four to seven chapters in Sections 1 and 2. In addition, crossword puzzles accompany each **Repaso** in Section 1.

Section 1 tells the story of Enrique and María, two high school students in the United States. María's favorite subject is Spanish and she frequently practices with her good friend Enrique, who is from Spain. We follow Enrique and María as they attend Spanish club meetings, go to movies, parties, and lectures. The stories in Section 1 expand your knowledge of vocabulary, expose you to a variety of cultural and historical information, and give you confidence in reading in Spanish.

Section 2 presents a brief overview of the history of Mexico. It provides an account of some of the important episodes in Mexican history, featuring famous personalitites such as Moctezuma, Cortes, Miguel Hidalgo, and Benito Juarez.

In Section 3 you will read an adaptation of **Lazarillo de Tormes,** a well-known work of Spanish literature. This story provides exposure and practice in reading literature in Spanish. It will build confidence about your reading ability and serve as an introduction to the great literary tradition of the Spanish-speaking world.

This multilevel Spanish reader provides an introduction to culture, history, and literature of regions of the Spanish-speaking world as well as extensive reading practice in Spanish. We hope that you enjoy the readings at the same time as you build your knowledge of the language.

Contenido

Primera parte
Enrique y María

Segunda parte
Historia de México

Contenido

Tercera parte
Lazarillo de Tormes (Adaptación)

Enrique y María

1 Enrique y María

Enrique y María son amigos. Enrique es de España. Él es español. María es de los Estados Unidos. Ella es estadounidense. El apellido° de Enrique es Pereda y el apellido de María es Thompson.

apellido *last name*

Enrique y María son alumnos° en el Colegio° Glenview. Son muy buenos alumnos. Estudian y aprenden° mucho.

alumnos *students*
Colegio *High School*

aprenden *they learn*

Después de leer

A **Answer in complete sentences.**

1. ¿De qué nacionalidad es Enrique, español o estadounidense?
2. ¿De dónde es María, de España o de los Estados Unidos?
3. ¿Son amigos Enrique y María?
4. ¿Cuál es el apellido de Enrique?
5. ¿En qué colegio estudian Enrique y María?

B **Word Study**

Word families consist of words that are related in spelling and meaning. For example, **España** and **español.** What is another word associated with each of the following nationalities?

1. cubano
2. mexicano
3. argentino
4. chileno

2 Los estudios

ᴄᴄᴄ

El Colegio Glenview está en una ciudad pequeña° de los Estados Unidos. Enrique y María son alumnos del cuarto año° de secundaria°. Es su último año. Estudian mucho para prepararse para la universidad. Son muy estudiosos.

ciudad pequeña *small city*
cuarto año *fourth year*
secundaria *high school*

En el colegio hay° muchos alumnos que estudian español. María es alumna del cuarto año de español. María y sus compañeros° del cuarto año tienen mucho interés en la literatura. Estudian la literatura española y latinoamericana.

hay *there are*

compañeros *classmates*

Los alumnos del cuarto año conversan mucho en español. Como° Enrique es español, María practica con él. Hablan de varios temas. Ella habla muy bien.

Como *Since*

Después de leer

A Answer in complete sentences.

1. ¿Dónde está el Colegio Glenview?
2. ¿Estudian mucho Enrique y María?
3. ¿En qué tienen mucho interés María y sus compañeros?
4. ¿Con quién practica el español María?
5. ¿María habla bien el español?

B Word Study

In the reading, find the opposite of the following words.

1. primero
2. primaria
3. muy mal
4. poco
5. desinterés
6. grande

3 La familia de Enrique

La familia Pereda es muy grande y vive en una casa bastante grande. Enrique tiene dos hermanos° y dos hermanas. En la casa de Enrique viven su padre°, su madre°, sus cuatro hermanos y él. Su padre se llama Ramón y su madre se llama Mercedes. Ellos son españoles. Ramón es ingeniero°. Él es muy importante en su trabajo° porque habla inglés y español. Mercedes es profesora de español en un colegio de la ciudad.

hermanos *brothers*

padre *father*
madre *mother*

ingeniero *engineer*
trabajo *job*

Los hermanos de Enrique son alumnos en una escuela primaria°. Ellos hablan inglés y español como° Enrique. En casa, la familia de Enrique habla español.

escuela primaria
    elementary school
como *like*

▲ La familia Pereda en su casa

A **Answer in complete sentences.**

1. ¿Cuántos hermanos tiene Enrique?
2. ¿Cómo se llama el padre de Enrique?
3. ¿Qué es la madre de Enrique, ingeniera o profesora?
4. ¿Por qué es importante en su trabajo el padre de Enrique?
5. ¿Dónde estudian los hermanos de Enrique?

B **Expansion Activity**

Look at the illustration of the Pereda family. Write as much as you can about it.

Enrique Pereda y María Thompson son alumnos en el Colegio Glenview. Enrique es de España y María es de los Estados Unidos. Son muy buenos amigos y muy buenos alumnos también. Ellos son alumnos del cuarto año de secundaria.

El Colegio Glenview está en una ciudad pequeña de los Estados Unidos. En el colegio hay muchos alumnos que estudian español. María es alumna del cuarto año de español. En la clase de cuarto año estudian literatura. Conversan en español también, y María practica con Enrique.

Enrique tiene una familia grande. Tiene cuatro hermanos que son alumnos en una escuela primaria. Su padre, Ramón, es ingeniero. Su madre, Mercedes, es profesora de español. Ellos viven en una casa bastante grande. Los padres de Enrique son de España. Por eso la familia Pereda habla español en casa.

María no tiene una familia grande. Su familia es pequeña. Ella no tiene hermanos. Su padre, John, es médico y su madre, Anita, es abogada. Ellos viven en una casa lujosa. En la casa hay muchos cuartos. En la sala hay sillones cómodos y una televisión con pantalla grande. Cuando hay visita en casa, María habla con sus amigos en la sala. La familia Thompson tiene muchos amigos. Tiene muchos amigos de los Estados Unidos, de España y de Latinoamérica. Sin embargo, los padres de María no hablan español.

Después de leer

1. ¿De dónde es Enrique?
2. ¿De dónde es María?
3. ¿Qué apellido tiene Enrique?
4. ¿Qué apellido tiene María?
5. ¿En qué colegio estudian Enrique y María?
6. ¿Dónde está el colegio?
7. ¿Con quién practica María el español?
8. ¿Cuántos hermanos tiene Enrique?
9. ¿Cómo se llaman los padres de Enrique?
10. ¿Qué profesión tiene su padre? ¿Y su madre?
11. ¿Cómo es la casa de la familia Pereda?
12. ¿María tiene una familia grande?
13. ¿Qué profesión tiene el padre de María?
14. ¿Qué profesión tiene su madre?
15. ¿Cómo es la casa de la familia Thompson?

Crucigrama 1

Horizontal

4. En la casa de María, la _____ es muy grande y moderna.
7. En casa, María habla con sus amigos en la _____, no en su cuarto.
8. La familia de Enrique _____ español.
10. Los padres de María tienen amigos _____.
13. Los padres de María sólo hablan _____.
14. En la casa de María, hay un _____ enorme.
15. El padre de María es _____.
16. Los padres de Enrique son de _____.

En la clase

Se habla español en las clases de español.
Se habla francés en las clases de francés.
Como Enrique no estudia un idioma, él habla
inglés en todas° sus clases. Enrique también   **todas** *all*
habla inglés con la mayoría de sus
compañeros.

María tiene muchos amigos en el colegio.
Ella practica el español con la profesora de
español, con Enrique y también con otros
compañeros que hablan español.

La profesora de francés es francesa, pero
todos los otros profesores del colegio son
estadounidenses. Las tres profesoras de
español también son estadounidenses.

Después de leer

A Indicate whether each statement is true or false. Correct the false statements.

1. Enrique estudia francés.
2. Enrique habla inglés en sus clases.
3. María habla inglés con todos sus profesores.
4. La profesora de francés es estadounidense.
5. Hay dos profesoras de español.
6. Las profesoras de español son estadounidenses.

B Word Study

Cognates are words that look alike and have the same
meaning, for example **clase** in Spanish and *class* in
English. Learning to recognize cognates is very helpful
in reading Spanish. There are approximately eight
cognates in the reading. Can you find them?

8 La clase de María

ㄷㄷ

La profesora de español de cuarto año es la señorita Alicia Scott. La señorita Scott es estadounidense. Ella es inteligente y habla muy bien el español. También es joven°.

joven *young*

En algunas de las clases de español hay muchos alumnos. Sin embargo,° en la clase de cuarto año no hay muchos. Pocos alumnos estudian cuatro años de español. Sólo los alumnos como María que les interesan mucho los idiomas estudian tres o cuatro años de español.

Sin embargo *However*

En la clase de la señorita Scott, los alumnos leen° un libro de ensayos, una novela y un libro de teatro. También leen **El Quijote** de Cervantes. En la clase se habla español siempre y los alumnos escriben sus redacciones° en español.

leen *read*

redacciones *compositions*

▲ María lee *El Quijote.*

La profesora tiene un amigo chileno que es poeta. A veces° ella lo invita a hablar con los alumnos de su clase. El señor se llama Rafael Hernández. Algunos° alumnos aprenden de memoria los poemas del señor Hernández. A María le gustan los poemas de amor°. A ella también le gusta escribir poemas.

A veces *Sometimes*

Algunos *Some*

amor *love*

Después de leer

A Choose the answer that best completes each sentence.

1. La señorita Scott es _____.
   a. francesa   **b.** estadounidense   **c.** mexicana
2. Ella es la _____ de español de cuarto año.
   a. alumna   **b.** poeta   **c.** profesora
3. _____ alumnos estudian cuatro años de español.
   a. Pocos   **b.** Muchos   **c.** Todos los
4. Rafael Hernández es _____.
   a. profesor   **b.** director del colegio   **c.** poeta
5. Algunos alumnos _____ los poemas del señor Hernández.
   a. escriben   **b.** leen   **c.** aprenden de memoria
6. A María le gustan los poemas _____.
   a. de amor   **b.** en español   **c.** en francés

B Word Study

What word in the reading corresponds to the following definition?
1. una persona que escribe poemas
2. una persona que aprende
3. una persona que enseña
4. una persona de Chile

9 El aula

ⴲⴲⴲ

En el colegio de Enrique y María hay tres aulas para las clases de español. La clase de cuarto año tiene un aula grande. En el aula hay un escritorio° para la profesora y pupitres° para los alumnos. En el escritorio de la profesora hay tres libros, dos diccionarios, varios lápices y bolígrafos. Cerca del escritorio de la señorita Scott hay un estante° y una mesa con una grabadora°. La señorita Scott graba los poemas de sus alumnos con la grabadora.

En la pared° hay un reloj° enorme, un cuadro° y dos posters. El cuadro es de Miguel de Cervantes, autor de ***El Quijote.*** Los dos posters son de Argentina y Colombia. También en la pared hay tres mapas. Los mapas son de España, México y América Central y América del Sur. Los alumnos usan los mapas mucho cuando estudian geografía.

Los alumnos escriben cartas° a alumnos de otros colegios. Algunos de los alumnos de cuarto año de español escriben sobre° la historia de las naciones de Latinoamérica. La historia de estas naciones es muy interesante para ellos.

escritorio *desk*

pupitres *student desks*

estante *bookcase*

grabadora *tape recorder*

pared *wall*
reloj *clock*
cuadro *painting*

cartas *letters*

sobre *about*

▲ Mapa de la América del Sur

Después de leer

A Indicate whether each statement is true or false. Correct the false statements.

1. En el colegio hay dos aulas para las clases de español.
2. Hay pupitres para los alumnos.
3. En la pared hay posters de vistas de Argentina y Chile.
4. Hay cinco mapas en la pared.
5. Algunos alumnos tienen interés en la historia de las naciones de Latinoamérica.

B Word Study

1. What does **grabadora** mean? What verb in the reading means *to record* or *to tape?*
2. Draw your room and label as much as possible.

10 Los aventureros

En el Colegio Glenview hay un club de español que se llama «Los aventureros». Los miembros del club son alumnos avanzados° del español. Los alumnos de tercer° y cuarto año son miembros del club. Los alumnos de habla española° del colegio también son miembros.

avanzados *advanced*

tercer *third*

habla española *Spanish-speaking*

Este año Enrique es el presidente de Los aventureros y una alumna mexicana, Inés, es la vicepresidenta. María es la tesorera° y un alumno de tercer año, Gabriel, es el secretario del club. Los miembros de Los aventureros organizan reuniones° y bailes, cantan y recitan poemas en español. A veces hacen presentaciones para los otros alumnos del colegio.

tesorera *treasurer*

reuniones *meetings*

Los aventureros hacen sus reuniones en la casa de María. A veces hacen sus reuniones después de° clase en el aula de la señorita Scott. Una vez al mes, los miembros del club hacen una actividad social. Algunas veces van a comer a un restaurante mexicano o cubano. Otras veces hacen bailes y fiestas. En todas las actividades que hacen Los aventureros, sólo se habla español. Nunca° hablan en inglés.

después de *after*

Nunca *Never*

▲ Después de una reunión,
Enrique y María hablan con la señorita Scott.

Después de leer

A **Answer in complete sentences.**

1. ¿Cómo se llama el club de español?
2. ¿Quiénes son los miembros del club?
3. ¿Quién es el presidente del club?
4. ¿Quién es la tesorera?
5. ¿Qué actividades hacen los miembros del club?
6. ¿Dónde hacen sus reuniones?

B **Word Study**

Find a word in the reading that expresses each of the
following.

1. presentar
2. planear
3. una persona que pertenece a una organización
4. una persona que tiene aventuras
5. el contrario de «antes de»

Repaso 2

El colegio de Enrique y María es de ladrillo rojo y tiene tres pisos. Hay numerosas aulas, una biblioteca moderna, un salón de actos, un comedor y despachos para los profesores y para la directora del colegio. En el colegio se enseñan diversas asignaturas como ciencias, matemáticas, lenguas, historia y ciencias sociales. Este año Enrique estudia historia de los Estados Unidos, matemáticas, biología, inglés y música. María estudia historia de América del Sur, álgebra, física, inglés y español.

En las clases de español sólo se habla español. La profesora de español de María es la señorita Scott. En la clase de la señorita Scott, los alumnos leen varios libros.

A veces la profesora Scott invita a un poeta chileno a hablar con sus alumnos. Algunos alumnos aprenden de memoria los poemas del señor Hernández. A María le gustan los poemas de amor. A ella también le gusta escribir poemas.

En el aula de la clase de cuarto año de español, la profesora tiene un escritorio y los alumnos tienen pupitres. En el escritorio de la profesora hay varios libros. En la pared hay un reloj, un cuadro, dos posters y unos mapas.

Enrique y María son miembros de un club de español que se llama «Los aventureros». Los miembros del club son alumnos avanzados del español y alumnos de habla española. Enrique es el presidente del club y María es la tesorera. En todas las actividades que hacen Los aventureros, sólo se habla español. Los miembros nunca hablan inglés durante las reuniones ni durante las actividades.

Después de leer

Answer in complete sentences.

1. ¿Cuántos pisos tiene el colegio?
2. ¿Tiene pocas aulas el colegio?
3. ¿Qué asignaturas se enseñan?
4. ¿Qué estudia Enrique este año?
5. ¿Qué estudia María?
6. ¿Cómo se llama la profesora de español de María?
7. ¿Qué libros leen los alumnos en la clase de María?
8. ¿A quién invita a veces la señorita Scott?
9. ¿Qué escribe esta persona?
10. ¿A María le gustan los poemas?
11. ¿Qué le gusta hacer a María?
12. ¿Qué hay en el escritorio de la profesora Scott?
13. ¿Qué hay en las paredes del aula?
14. ¿Cómo se llama el club de español?
15. ¿Quiénes son los miembros del club?

Repaso 2

Crucigrama 2

Horizontal

8. Se enseñan diversas _____ en el colegio.
10. Enrique es el _____ del club.
11. El amigo de la profesora Scott es _____.
12. María es la _____ del club.
13. La profesora Scott no habla _____. Habla español.
14. El Colegio Glenview es de ladrillo y tiene tres _____.

Vertical

1. El club hace sus _____ en la casa de María.
2. La ciencia que estudia Enrique es _____.
3. A María le gustan los _____ de amor.
4. Hay _____ para los profesores y la directora.
5. Hay tres _____ para las clases de español.
6. La profesora tiene un escritorio, pero los alumnos tienen _____.
7. En la pared hay un _____ de México y América Central.
8. El club de español se llama Los _____.
9. Los alumnos de tercer y cuarto año de español son alumnos _____.

11 Luisa, la alumna nueva

En el Colegio Glenview hay una alumna nueva°. Se llama Luisa Miraflores.

nueva *new*

Un día después de clase Enrique y María conversan con Luisa:

—¿De dónde eres? —pregunta María.

—Soy de Puerto Rico, de Ponce —contesta ella.

—¿Tienes hermanos? —pregunta Enrique.

—Sí, tengo un hermano. En mi casa somos seis: mis padres, mis abuelos (los padres de mi madre), mi hermano y yo —responde Luisa.

—En mi casa sólo somos tres: mis padres y yo. No tengo hermanos —dice María.

—Luisa —dice Enrique—, este sábado hay una fiesta para los miembros de Los aventureros. Todos los miembros del club hablan español y las actividades siempre son muy interesantes. ¿Quieres° ir con nosotros?

Quieres *(Do) you want*

▲ Ponce, Puerto Rico

—No sé° —contesta Luisa.

No sé *I do not know*

—Sí, sí, tienes que ir. En las fiestas cantamos y bailamos. ¿Sabes algunas canciones de Puerto Rico? —pregunta María.

—Sí, sé varias canciones —responde Luisa.

—¡Qué bueno! —dice Enrique—. Podemos° aprender tus canciones.

Podemos *We can*

—¿A qué hora es la fiesta? —pregunta Luisa.

—A las siete y media —contesta Enrique—. ¿Puedes ir?

—Quiero ir, pero tengo que hablar primero con mis padres —dice Luisa.

Después de leer

A Indicate whether each statement is true or false. Correct the false statements.

1. Luisa Miraflores es de Perú.
2. Los abuelos de Luisa viven en Puerto Rico.
3. Luisa tiene dos hermanos.
4. Hay una fiesta este domingo.
5. En las fiestas los miembros cantan y bailan.
6. Luisa sabe canciones de Perú.
7. Enrique quiere aprender las canciones de Puerto Rico.
8. Luisa tiene que hablar primero con sus abuelos.

B Word Study

Can you figure out the meanings of the following words? Refer to the conversation in the reading. Match the Spanish word in Column A to its English equivalent in Column B.

A	B
1. contestar	a. to say
2. preguntar	b. to respond
3. responder	c. to answer
4. decir	d. to ask

12 La mala suerte de Enrique

€€€

Hoy Enrique tiene una reunión con la directora del colegio. La reunión es a las tres y media de la tarde.

Enrique llega° al despacho de la directora a las tres y cuarto° y se sienta° a esperar°. Enrique espera unos quince minutos, pero la directora no llega. Después mira el reloj y espera quince minutos más.

La señorita Scott entra en el despacho y conversa con Enrique. Los dos hablan en español sobre las actividades del club Los aventureros. Después de diez minutos, la señorita Scott sale del despacho.

Enrique mira otra vez el reloj. Son las cuatro menos cinco. Ahora está impaciente. A las cuatro, la secretaria de la directora entra en el despacho y empieza° a trabajar° con unos documentos.

A las cuatro y cuarto, Enrique pregunta a la secretaria:

—¿Dónde está la directora? Tengo una reunión con ella, pero ella no está.

—La directora está en el centro° en una reunión de directores —contesta la secretaria.

—Pero, ¿cómo es posible? Yo tengo una reunión con ella esta tarde —dice Enrique.

—Un momento. Voy a mirar la agenda de la directora —contesta la secretaria.

—¿Tú eres Enrique Pereda? —pregunta la secretaria.

—Sí, señora.

—¿Tú tienes la reunión a las tres y media de la tarde?

llega *arrives*

cuarto *quarter*
se sienta *sits down*
esperar *to wait*

empieza *begins*
trabajar *to work*

en el centro *downtown*

—Sí, sí —dice Enrique, que ahora está muy impaciente.

—La hora está bien, pero la reunión es el miércoles, 14 de noviembre. Es mañana —responde la secretaria.

—¡Qué mala suerte°! —dice él.

suerte *luck*

Después de leer

A **Indicate whether each statement is true or false. Correct the false statements.**

1. Enrique tiene una reunión a las tres y media.
2. La reunión es el martes.
3. Enrique espera una hora.
4. Enrique habla con la señorita Scott, la secretaria y la directora.
5. La secretaria dice que la reunión es el martes.
6. La directora está en el centro en una reunión de directores.
7. La secretaria mira la agenda de la directora.
8. La reunión es el 12 de noviembre.

B **Word Study**

Can you guess what each of the following words mean? To help you, find a word in the reading that is related to each.

1. la llegada
2. el asiento
3. el empiezo
4. la entrada

13 Los deportes

Enrique es un joven fuerte° y atlético. Él juega al fútbol y al fútbol americano. Es uno de los mejores° jugadores de fútbol americano del Colegio Glenview. Este año Enrique es el capitán del equipo°. El colegio tiene un equipo muy bueno porque tiene muy buenos jugadores.

—¿En España y en Latinoamérica también se juega° al fútbol americano? —pregunta María una tarde.

—No mucho. El deporte que más se juega es el fútbol, que aquí se llama *soccer* —responde Enrique—. Aquí en los Estados Unidos, se juega al fútbol americano en otoño° y en invierno°. En otros países° el fútbol es muy popular y se juega todo el año.

—En los países de habla española, el fútbol es el deporte preferido de todos —dice María—. Pero en los periódicos° leo que también se juegan otros deportes que se juegan aquí en los Estados Unidos como el golf, el béisbol y el tenis.

—Sí, los otros países tienen sus propios deportes también. En España la corrida de toros° es un deporte popular.

—Tienes razón.° Los jóvenes de cada país tienen sus propios° deportes.

—Sí, pero ahora tengo que ir a practicar. Así tal vez ganamos° el partido este martes —responde Enrique—. Y si ganamos el partido°, ganamos el campeonato° de la ciudad.

fuerte *strong*

uno de los mejores *one of the best*

equipo *team*

se juega *is played*

otoño *fall*

invierno *winter*
países *countries*

periódicos *newspapers*

corrida de toros *bullfight*

Tienes razón. *You are right.*

propios *own*

ganamos *we win*

partido *game*
campeonato *championship*

▲ Enrique juega al fútbol americano con el equipo del colegio.

Después de leer

 A   **Answer in complete sentences.**

1. ¿De qué equipo es Enrique capitán?
2. ¿Cuál es el deporte preferido de muchos países?
3. ¿Qué deportes se juegan en los países de habla española y en los Estados Unidos?
4. ¿En dónde es popular la corrida de toros?
5. ¿Qué tiene que hacer Enrique ahora?

B   **Word Study**

What does **jugar** mean? What word in the reading means *player?*

14 El concurso de declamación

Cada año en la ciudad donde viven Enrique y María hacen un concurso° de declamación de poesía en español. Para este concurso anual, los alumnos de español aprenden de memoria poemas largos° en español. Primero, cada colegio hace un concurso preliminar para escoger° la mejor declamación de cada colegio. Hay varios jueces° de habla española que son los que escogen al alumno o a la alumna que hace la mejor declamación. El alumno que escogen los jueces va entonces al campeonato de la ciudad.

El concurso final es en un colegio de la ciudad y ahí se decide el campeonato de la ciudad. La noche del concurso hay una gran fiesta con música típica de varios países de habla española. Después de esta actividad, los mejores alumnos de cada colegio hacen su declamación. Uno por uno recitan sus poemas. Después, los jueces escogen la mejor declamación y el colegio que gana recibe una gran copa de plata°.

Este año, María es la ganadora del concurso de declamación con el poema *La canción del pirata* del poeta español José de Espronceda. La ganadora recibe la copa de plata.

concurso *contest*

largos *long*

escoger *to choose*

jueces *judges*

plata *silver*

A **Indicate whether each statement is true or false. Correct the false statements.**

1. El concurso de declamación es cada dos años.
2. Es un concurso de declamación de poesía inglesa.
3. Los alumnos aprenden de memoria poemas largos en español.
4. Sólo hay un concurso final. No hay concursos preliminares.
5. Los jueces que escogen la mejor declamación no hablan español.
6. En el concurso preliminar se decide el campeonato de la ciudad.
7. La noche del concurso hay una gran fiesta.
8. El ganador gana un libro.

B **Word Study**

What does **ganar** mean? What word in the reading means *winner*?

15 El poema de María

La mejor amiga de Enrique gana el primer premio° en el concurso de declamación. Enrique está muy contento.

premio *prize*

—María, recita unas estrofas° del poema, ¿quieres? —dice Enrique después del concurso.

estrofas *stanzas*

—¿Ahora? —pregunta ella.

—Sí, sí, por favor.

—Entonces, voy a recitar la última° estrofa, primero en español y después en inglés.

última *last*

La canción del pirata

Son mi música mejor aquilones;
el estrépito y temblor
de los cables sacudidos;
del negro mar los bramidos
y el rugir de mis cañones.
Y del trueno
al son violento,
y del viento
al rebramar,
yo me duermo
sosegado,
arrullado
por el mar.
Que es mi barco mi tesoro,
que es mi Dios la libertad,
mi ley la fuerza y el viento,
mi única patria la mar.

—Y ahora en inglés.

Song of the Pirate

My favorite music is the north wind,
The trembling crash of cast-off cables;
The howling of the dismal sea
And the roar of my cannon.
Through the violent sound of the thunderclap
And the bellowing of the wind
I sleep peacefully,
Lulled by the sea.
For my treasure is my ship,
And my God my liberty;
My law, violence and the wind,
My sole fatherland, the Sea.

Después de leer

A Choose the answer that best completes each sentence.

1. María _____ el primer premio en el concurso de declamación.
   a. recita   **b.** juega   **c.** gana
2. María recita unas _____ del poema.
   a. actividades   **b.** estrofas   **c.** declamaciones
3. Enrique pregunta si María quiere _____ el poema.
   a. recitar   **b.** escribir   **c.** estudiar
4. María recita la _____ estrofa del poema.
   a. primera   **b.** tercera   **c.** última
5. María recita primero en _____.
   a. inglés   **b.** español   **c.** la escuela

B Additional Activities

1. Read the poem aloud in Spanish carefully sounding out the words that are unfamiliar to you.
2. What is the poem about? What mood does it suggest? What does the sea represent to the pirate? What does it mean to you?

16 Estampillas y más estampillas

eeeeeeeeeeeeeeeeeeeeeeeeeeeeeeeeeeeeeeeeeeeeeeeeeee

En una reunión de Los aventureros, los miembros conversan sobre sus pasatiempos° preferidos. La señorita Scott pregunta a Luisa:

—¿Cuáles son tus pasatiempos preferidos?

—A mí me gusta montar a caballo°. Me gusta cantar y bailar y también leer —responde Luisa.

Eduardo, otro miembro del club, dice:

—A mí me gusta jugar al tenis y soy miembro del equipo de tenis del colegio.

—Yo colecciono estampillas —dice Francisco—. Tengo una colección muy bonita con estampillas de todo el mundo°.

—¿Tienes estampillas de España y de Latinoamérica? —pregunta la señorita Scott.

—Sí, tengo estampillas de México, España, Argentina, Venezuela, Colombia, Perú, República Dominicana, Costa Rica...

—¡Qué bueno! ¿Por qué no traes° tus estampillas a una de nuestras reuniones? —pregunta la profesora.

— ...de Honduras, Guatemala, Bolivia, Puerto Rico, Paraguay... —continúa Francisco.

—A mí me gusta cocinar y montar en moto° —dice Julia—. Yo cocino muy bien también.

Y Francisco continúa:

— ...de Cuba, Chile, Ecuador, Uruguay, Nicaragua, Panamá. Y también tengo estampillas de Francia, Inglaterra, Irlanda...

—Yo colecciono monedas° y billetes° —dice Luis.

—¡Qué interesante! —dice la señorita Scott—. Trae la colección a una de nuestras reuniones.

pasatiempos *pastimes*

montar a caballo *go horseback riding*

mundo *world*

traes *you bring*

moto *motorcycle*

monedas *coins*
billetes *bills*

—Sí, mañana, si quieren, puedo traer la colección —contesta Luis.

—Ya es hora de terminar° la reunión —dice la señorita Scott—. Este sábado la reunión va a ser en el restaurante El Taco a las seis de la tarde. El restaurante está en la Sexta° Avenida. Hasta entonces.

Al salir del aula, los miembros oyen° a Francisco que continúa sin parar°:

—Y tengo estampillas de Egipto, Suecia, Israel, Suiza, Rusia, Italia, Grecia, Turquía...

terminar *to finish*

Sexta *Sixth*

oyen *hear*
sin parar *without stopping*

▲ **Estampillas de la colección de Francisco***

Después de leer

A **Answer in complete sentences.**

1. ¿Qué le gusta hacer a Luisa?
2. ¿Quién es miembro del equipo de tenis?
3. ¿Cuál es el pasatiempo preferido de Francisco?
4. ¿Qué le gusta hacer a Julia?
5. ¿Dónde es la próxima reunión?

B **Word Study**

There are thirty-one countries mentioned in the reading. Make a list in Spanish and English and then locate each on a map of the world.

Enrique y María conversan con Luisa Miraflores. Ella es una alumna nueva en el Colegio Glenview. Luisa es de Ponce, Puerto Rico, y tiene un hermano. En su casa viven sus padres, sus abuelos, su hermano y ella.

Enrique tiene una reunión con la directora del colegio. Él se sienta en el despacho y espera, pero la directora no llega. La señorita Scott entra en el despacho y Enrique habla con ella. A las cuatro y cuarto, Enrique pregunta a la secretaria dónde está la directora. La secretaria contesta que la directora está en una reunión y que la reunión de Enrique es el miércoles y no el martes.

Enrique es un joven fuerte y atlético y es el capitán del equipo de fútbol americano del Colegio Glenview. Enrique conversa con María sobre los deportes que practican los jóvenes en los Estados Unidos y en los países de habla española. Enrique tiene un partido el martes. Si su equipo gana el partido, gana el campeonato de la ciudad.

Este año María es la ganadora del primer premio del concurso de declamación de poesía en español. María gana el concurso con el poema *La canción del pirata* de José de Espronceda. El Colegio Glenview recibe una copa de plata.

En una de sus reuniones, los miembros de Los aventureros hablan de sus pasatiempos preferidos. Francisco habla sin parar de su colección de estampillas.

Después de leer

Answer in complete sentences.

1. ¿De dónde es Luisa Miraflores?
2. ¿Cuántas personas viven en su casa?
3. ¿Con quién tiene Enrique una reunión?
4. ¿Quién entra en el despacho de la directora y conversa con Enrique?
5. ¿A qué hora habla Enrique con la secretaria?
6. ¿Cuándo es la reunión?
7. ¿De qué equipo es capitán Enrique?
8. ¿Qué concurso gana María?
9. ¿Con qué poema gana el concurso?
10. ¿Qué recibe el Colegio Glenview?
11. ¿Sobre qué hablan los miembros de Los aventureros?
12. ¿Cuál es el pasatiempo preferido de Francisco?

Repaso 3

Crucigrama 3

Horizontal

2. Enrique es fuerte y _____.
9. María es la _____ del concurso.
10. Los aventureros van a un restaurante este _____.
12. Francisco tiene una colección grande de _____.
13. Eduardo es miembro del _____ de tenis.
14. Es una declamación de _____.
15. Enrique es el _____ del equipo.
16. El _____ es un deporte muy popular en muchos países.

Vertical

1. La copa es de _____.
3. Si ganan el partido, ganan el _____.
4. Luisa es de _____.
5. Enrique va al despacho de la directora el _____.
6. Los miembros hablan de sus _____ preferidos.
7. La reunión con la directora es el _____.
8. Luisa vive con sus padres, su hermano y sus _____.
11. Enrique juega al fútbol _____.

17 Escribir a un amigo español

En una de las reuniones de Los aventureros, Enrique dice que acaba de recibir° un e-mail de un amigo de España.

acaba de recibir *he has just received*

—¿Dónde vive tu amigo? —pregunta María.

—En Málaga —contesta Enrique.

—¿En qué parte de España está Málaga? —pregunta otro miembro del club.

—Está en el sur de España en la costa del Mediterráneo —responde Enrique—. Es una ciudad muy bonita.

—¿Qué dice tu amigo en su e-mail? —quiere saber María.

—Mi amigo me envía° una lista con nombres° y direcciones° de e-mail de chicos y chicas de Málaga que quieren tener correspondencia con jóvenes de los Estados Unidos que estudian español. Hay muchos nombres en la lista. ¿Algunos de ustedes quieren escribir a estos chicos?

envía *sends*

nombres *names*
direcciones *addresses*

Todos los miembros del club contestan que sí. Entonces los miembros del club escogen el nombre del chico o de la chica con quien quieren tener correspondencia.

Los aventureros escriben sus e-mails en la computadora y cuentan° como es su colegio, su casa, su familia, su ciudad y otras cosas interesantes. La profesora Scott corrige estos e-mails y entonces los alumnos los envían.

cuentan *tell*

María escribe a un chico que vive en el centro de Málaga. Él se llama Fernando Castillo.

A Choose the answer that best completes each sentence.

1. Enrique recibe _____.
   a. una nota buena
   b. una carta
   c. un e-mail
2. El e-mail es de un amigo _____.
   a. español
   b. estadounidense
   c. latinoamericano
3. Málaga está en _____.
   a. México
   b. el sur de España
   c. los Estados Unidos
4. El amigo de Enrique envía una lista con nombres y _____ de chicos y chicas.
   a. direcciones
   b. reuniones
   c. computadoras
5. Los chicos de Málaga quieren _____ con los miembros del club Los aventureros.
   a. bailar
   b. jugar al fútbol
   c. tener correspondencia
6. La profesora Scott _____ los e-mails.
   a. escribe
   b. recita
   c. corrige
7. María escribe a _____
   a. Enrique Pereda
   b. Fernando Castillo
   c. la profesora Scott

B Word Study

Correspondencia electrónica is also used to refer to *e-mail,* although the English term is often used.

18 El e-mail de María

Querido° Fernando:
Querido *Dear*

Me llamo María Thompson y soy de los Estados Unidos. Tengo diecisiete años y soy alumna del cuarto año de secundaria. También soy alumna del cuarto año de español. Me gusta mucho el español. También estudio inglés, historia de América del Sur, física y álgebra.

Estudio en el Colegio Glenview. Es un colegio muy bueno. Mi profesora de español es la señorita Scott. Es una profesora excelente. Este año leemos varios libros incluso *El Quijote* de Cervantes.

En nuestro colegio hay un club de español que se llama Los aventureros. Los miembros del club son alumnos avanzados en el estudio del español y alumnos de habla española. Mi amigo Enrique es el presidente y yo soy la tesorera del club. Nuestras reuniones son todos los martes y tenemos actividades muy interesantes.

Vivo en una ciudad pequeña de los Estados Unidos. Es una ciudad pequeña pero muy bonita. Te envío una fotografía.

Bueno, espero° recibir respuesta° tuya,
María

espero *I hope*
respuesta *reply*

A Indicate whether each statement is true or false. Correct the false statements.

1. María escribe un e-mail a Enrique.
2. Ella tiene dieciséis años.
3. María estudia español, inglés, historia, biología y álgebra.
4. Los alumnos de español no leen mucho este año.
5. Las reuniones del club son todos los miércoles.
6. María vive en una ciudad grande.
7. María envía una fotografía a Fernando.

B Word Study

There are approximately twenty-three cognates in the reading. Can you find them?

19 El e-mail de Fernando

ᴇᴇᴇ

Para :	maria_thompson@glenviewhigh.edu
De :	fernando_castillo@malagcorresp.es
Asunto:	¡Hola!
Fecha :	4 de diciembre

[Agregar/modificar datos adjuntos] [Enviar]

Querida María:

Gracias por escribirme. Me alegra° mucho
recibir tu e-mail. Tu español es muy bueno. De
verdad escribes muy bien.

Yo también tengo diecisiete años y soy
alumno del último año de colegio. Una de las
asignaturas que tengo es inglés y te puedo
decir que no me gusta mucho. Es muy difícil.

Como sabes, vivo en Málaga, un puerto° que
está en Andalucía. (Andalucía es una región
muy bonita del sur de España.) Vivo con mis
padres y mis dos hermanos. Yo soy el mayor°.
Nuestra casa no es grande pero es cómoda. Te
envío varias fotos de la ciudad y también fotos
de mi casa y de mi familia.

Soy una persona muy atlética y me gustan
los deportes. Practico° natación, tenis y golf.
También me gusta ir al cine°. Me gustan
mucho las películas° norteamericanas pero
prefiero las películas francesas.

Escríbeme pronto,
Fernando

Me alegra *I am happy*

puerto *port*

mayor *oldest*

Practico *I play*
cine *movies*
películas *films*

MALAGA

Costa del Sol

Después de leer

A Answer in complete sentences.

1. ¿Cuántos años tiene Fernando?
2. ¿Qué asignatura es difícil para él?
3. ¿Dónde vive Fernando?
4. ¿Cuántos hermanos tiene?
5. ¿A Fernando qué le gusta hacer?
6. ¿Qué películas le gustan?

B Word Study

1. What does **nadar** mean? What word in the reading refers to *the sport of swimming?*
2. What does **fotografía** mean? What other word in the reading means *photo?*

20 El cumpleaños de Enrique

𝔢𝔢𝔢

Hoy es el cumpleaños° de Enrique. Él cumple dieciocho años. María y los padres de Enrique tienen muchas sorpresas° para él. Los padres le compraron° un regalo° especial y le prepararon una fiesta sorpresa.

Como el color preferido de Enrique es el rojo, María compró adornos y comida de color rojo: helado de fresas°, manzanas° y cerezas°. Muchos miembros de Los aventureros van a la fiesta. También van otros amigos de Enrique que no son del colegio.

Cuando Enrique llega a su casa, la sala está oscura°. De repente,° todos sus amigos le gritan «¡Feliz cumpleaños!» y encienden° las luces°. María le da un abrazo° a Enrique y le dice «Feliz cumpleaños».

El señor y la señora Pereda llevan a Enrique al patio, donde está su regalo. ¡Y qué regalo! Es una motocicleta de color rojo y blanco. Enrique está muy contento con su moto. No sabe qué decir. Entonces les da un beso° y un abrazo a sus padres.

María le da a Enrique una chaqueta negra. Enrique también recibe unas camisas, libros y posters para su cuarto.

cumpleaños birthday

sorpresas surprises

compraron bought
regalo present

helado de fresas strawberry ice cream
manzanas apples
cerezas cherries

oscura dark
De repente Suddenly
encienden turn on
luces lights
abrazo hug

beso kiss

▲ El cumpleaños de Enrique

Después de leer

A Indicate whether each statement is true or false. Correct the false statements.

1. Mañana es el cumpleaños de Enrique.
2. Él cumple diecisiete años.
3. María compró adornos y comidas de varios colores.
4. Amigos que no son del colegio van a la fiesta.
5. Enrique recibe una moto de sus padres.
6. María no le da un regalo a Enrique.

B Word Study

What words combine to form the word **cumpleaños?**
What do they mean?

Repaso 4

Enrique recibe un e-mail de un amigo español. Su amigo le envía una lista de nombres y direcciones de e-mail de chicos y chicas de Málaga que quieren tener correspondencia con estudiantes de español de los Estados Unidos. Cada miembro escoge el nombre del chico o de la chica con quien quiere tener correspondencia. La profesora corrige los e-mails.

María escribe a Fernando Castillo, un chico de diecisiete años. En su e-mail, María cuenta de su colegio, de sus estudios, del club de español y de su ciudad. María también le envía una fotografía. Fernando responde al e-mail de María y le escribe de sus asignaturas del colegio, su ciudad y sus pasatiempos preferidos. Fernando le envía a María varias fotografías.

María y los padres de Enrique le prepararon una fiesta sorpresa para el cumpleaños de Enrique. María compró adornos y comida de color rojo porque el rojo es el color preferido de Enrique. Sus padres le compraron una moto de color rojo y blanco, y María le dio una chaqueta. Enrique recibió otros regalos también: camisas, posters y libros. ¡Qué regalos maravillosos!

Después de leer

Answer in complete sentences.

1. ¿Qué recibe Enrique de España?
2. ¿De quién es el e-mail?
3. ¿Qué información tiene la lista que recibe Enrique?
4. ¿Quién corrige los e-mails de los alumnos?
5. ¿A quién escribe María?
6. ¿Qué cuenta María en su e-mail?
7. ¿Cuántos años tiene Fernando Castillo?
8. ¿Dónde vive él?
9. ¿Qué compró María para el cumpleaños de Enrique?
10. ¿Cuál es el color preferido de Enrique?
11. ¿Qué le prepararon María y los padres de Enrique?
12. ¿Qué regalos recibe Enrique?

Repaso 4

Horizontal

6. Enrique recibe una lista de nombres y _____ de los chicos españoles.
8. María le regala una _____ a Enrique.
9. Fernando tiene _____ hermanos.
10. Los padres le regalan una _____ a Enrique.
11. Enrique les da un _____ y un abrazo a sus padres.
12. María le envía una _____ a Fernando.

Vertical

1. Fernando practica _____, tenis y golf.
2. Fernando prefiere _____ francesas.
3. Los chicos españoles son de _____.
4. María escribe a _____.
5. La asignatura que a Fernando no le gusta mucho es _____.
6. Enrique cumple _____ años.
7. María y los padres de Enrique le prepararon una fiesta _____.
8. A Fernando le gusta ir al _____.

21 Un feriado nacional mexicano

═══

En una de las reuniones de Los aventureros, María describió una visita que hizo a Ciudad Juárez, México, el dieciséis de septiembre pasado°. María dijo:

pasado *past, last*

—El dieciséis de septiembre es feriado° nacional para los mexicanos, porque ese día los mexicanos festejan su independencia. El dieciséis de septiembre los mexicanos conmemoran el famoso Grito de Dolores. El dieciséis de septiembre de 1810 (mil ochocientos diez), el padre Hidalgo dio el grito° que inició la revolución de independencia contra España. Como resultado de esta revolución México ganó su independencia en 1821 (mil ochocientos veintiuno).

feriado *holiday*

grito *cry*

—Los mexicanos también festejan el cinco de mayo porque ese día en 1862 (mil ochocientos sesenta y dos), ganaron una batalla° importante contra° los franceses en Puebla, México.

batalla *battle*
contra *against*

—El dieciséis de septiembre fui a una escuela en Ciudad Juárez, donde hubo° un programa especial en conmemoración del día de la independencia. Mucha gente° de Ciudad Juárez y de El Paso, Texas estuvo presente. Varios niños recitaron poemas en honor del padre Hidalgo y cantaron canciones patrióticas. Yo canté con ellos.

hubo *there was*

gente *people*

—Después del programa, la directora del colegio habló de la vida del padre Hidalgo y también de la historia de México.

Después de leer

A **Answer in complete sentences.**

1. ¿Por qué es feriado nacional el dieciséis de septiembre?
2. ¿Qué es el Grito de Dolores?
3. ¿Qué otra fecha celebran los mexicanos?
4. ¿Qué importancia tiene?
5. ¿Adónde fue María el dieciséis de septiembre pasado?
6. ¿Qué hizo María allí?

B **Word Study**

1. What does **fiesta** mean? What verb in the reading means *to have a party* or *to celebrate?*
2. The names for many months are cognates in English. What two months are mentioned in the reading?

22 El español en los Estados Unidos

Como a María le gusta mucho el español, ella ha decidido continuar con su estudio del idioma a nivel° universitario.

Una tarde María fue al despacho de la señorita Scott, su profesora de español, para hablar de la posibilidad de estudiar español en la universidad. La profesora Scott se alegró mucho cuando María fue a verla y le explicó° como continuar su estudio del idioma.

—La mejor manera de aprender bien el español es vivir en un país de habla española —dijo la señorita Scott—. Muchas universidades de España y Latinoamérica ofrecen cursos de verano°. Los estudiantes viven con familias y estudian español en la universidad. Así que practican el español todo el día.

—Sin embargo, no todos tienen la oportunidad de viajar° a o vivir en otro país. Muchas universidades de los Estados Unidos ofrecen cursos avanzados de español. Hay clases de lenguaje y de literatura como en las universidades de Europa o de Latinoamérica.

—En muchos lugares° en los Estados Unidos, los jóvenes tienen mucha oportunidad de practicar y mejorar su español desde que hay mucha gente de habla española. En estas regiones hay periódicos y programas de televisión y radio en español. Con los periódicos, la radio y la televisión uno puede ampliar su vocabulario y su comprensión del idioma.

María quedó° muy contenta con la información que le dio la señorita Scott.

nivel *level*

explicó *explained*

verano *summer*

viajar *to travel*

lugares *places*

quedó *left*

A Choose the answer that best completes each sentence.

1. María decidió estudiar el español _____.
   a. en México
   b. en el sudoeste
   c. a nivel universitario

2. Hay _____ que ofrecen cursos de verano.
   a. colegios
   b. bibliotecas
   c. universidades

3. Los cursos de verano son buenos porque _____.
   a. las universidades tienen bibliotecas
   b. los estudiantes practican español todo el día
   c. los profesores son buenos

4. No todos tienen la oportunidad de _____.
   a. estudiar español
   b. ofrecer un curso
   c. vivir en otro país

5. En Nueva York, Chicago, Los Ángeles y Miami hay
   _____.
   a. periódicos y programas de radio y televisión en español
   b. cursos de radio y televisión
   c. cursos de español

B Word Study

What does **mejor** mean? What verb in the reading means *to better* or *to improve?*

23 La primera cita

Una tarde Enrique y María fueron° al cine. Enrique compró un boleto° y María compró el suyo°. Los dos entraron en el cine y se sentaron ni muy cerca ni° muy lejos de la pantalla.

—¿Te gusta ir al cine? —preguntó María a Enrique.

—Sí, me gusta mucho. Sobre todo si voy contigo —contestó Enrique.

—¿De verdad? Esta noche es la primera vez que salimos° solos°. Siempre salimos con otros amigos —dijo María.

—Es verdad —respondió Enrique.

—Tú sabes que a mí me encanta tu compañía —dijo ella.

—Y a mí me encanta la tuya°. Oye, ¿quieres algo de tomar° y unas palomitas de maíz°? —preguntó Enrique.

—Sólo quiero un refresco°. Aquí tienes cinco dólares.

—¿Sabes una cosa, María? —preguntó Enrique—. Cada vez que salgo con mis otros amigos, tengo que pagar la entrada o la comida de uno de ellos. Tú eres una persona muy generosa. Por eso me gusta salir contigo.

—Entonces, ¿sólo te gusta salir conmigo porque no tienes que pagar todo? —dijo María.

—¡No, no! No quise decir eso.°

—Ya lo sé. Sólo estaba bromeando° contigo.

fueron *went*
boleto *ticket*
suyo *hers*
ni... ni *neither . . . nor*

salimos *we go out*
solos *alone*

tuya *yours*
algo de tomar *something to drink*
palomitas de maíz *popcorn*
refresco *soft drink*

No quise decir eso. *I didn't mean that.*
bromeando *joking*

▲ Enrique y María hacen planes para ir al cine.

A **Indicate whether each statement is true or false. Correct the false statements.**

1. A Enrique le gusta ir al cine.
2. Enrique compró el boleto de María.
3. María quiere palomitas de maíz.
4. Enrique le da cinco dólares a María.
5. María es una persona generosa porque paga su parte.

B **Word Study**

1. What does it mean to say that you are *enchanted* by someone or something? What verb in the reading means the same?
2. Identify as many movie-related items as you can from the illustration below.

24 Ciudad Juárez

Un día la profesora Scott preguntó a los alumnos de su clase de cuarto año cuántos de ellos habían estado° en una de las ciudades mexicanas de la frontera° con los Estados Unidos. Cuatro estudiantes dijeron que habían estado en varias ciudades de la frontera. Uno de ellos, que se llamaba Juan, dijo que había ido a Ciudad Juárez.

—Cuenta a la clase como fue el viaje y como es la ciudad —pidió la profesora.

—El año pasado, durante las vacaciones de verano, mi familia fue en carro a El Paso, Texas —dijo Juan— y mientras estuvimos allí fuimos a Ciudad Juárez varias veces.

—Ciudad Juárez es una de las ciudades mexicanas más grandes de la frontera. La ciudad tiene un pasado muy interesante. Fue fundada° por los españoles en el año 1659 (mil seiscientos cincuenta y nueve). Primero se llamó El Paso del Norte, pero más tarde cambiaron° su nombre a Ciudad Juárez en honor a Benito Juárez, el gran presidente mexicano que ayudó° a liberar el país del dominio° francés.

—En Ciudad Juárez también hay una iglesia° muy antigua que se llama Nuestra Señora de Guadalupe. Fue construida por los españoles en 1659.

habían estado *had been*

frontera *border*

fundada *founded*

cambiaron *they changed*

ayudó *helped*
dominio *domination*

iglesia *church*

Después de leer

A Choose the answer that best completes each sentence.

1. La profesora preguntó si habían estado en una ciudad
   _____.
   a. mexicana de la frontera
   b. estadounidense de la frontera
   c. en la costa de México

2. Juan dijo que había estado en _____.
   a. varias iglesias
   b. Ciudad Juárez
   c. varias ciudades de México

3. Juan fue con su familia en _____ a El Paso, Texas.
   a. moto
   b. carro
   c. noviembre

4. Ciudad Juárez fue _____ en 1659.
   a. fundada
   b. construida
   c. liberada

5. En Ciudad Juárez hay una _____ muy antigua.
   a. escuela
   b. casa
   c. iglesia

B Word Study

What do the following words mean? To help you, find a word
in the reading related to each word below.
1. la ayuda
2. el cambio
3. dominar
4. la construcción

25 Otras ciudades de la frontera

Cuando Juan terminó de hablar, otros estudiantes que habían estado en la frontera describieron su viaje a esa región. Ellos estuvieron en importantes ciudades fronterizas como Nuevo Laredo, Tijuana, Matamoros y Piedras Negras.

Hay carreteras°, puentes° o trenes que conectan estas ciudades mexicanas con ciudades en los Estados Unidos.

Nuevo Laredo está cerca del Río Grande. En el lado° estadounidense está la ciudad de Laredo, Texas. Al otro lado de la frontera con Matamoros está la ciudad tejana de Brownsville, y al otro lado de Piedras Negras está Eagle Pass. Estas ciudades son muy importantes porque sirven de grandes centros comerciales.

Como casi todas las ciudades fundadas por los españoles, el plano° de estas ciudades fronterizas es por lo general muy parecido°. En el centro de la ciudad hay una iglesia católica. Frente a la iglesia hay una plaza y alrededor de la plaza están los edificios° de gobierno°, tiendas° y otros edificios importantes. En las ciudades hay también mercados al aire libre° donde se vende todo tipo de cosas.

carreteras *roads*
puentes *bridges*

lado *side*

plano *layout*
parecido *similar*

edificios *buildings*
gobierno *government*
tiendas *stores*

al aire libre *outdoor*

A Choose the answer that best completes each sentence.

1. Las ciudades _____ más importantes son Tijuana, Nuevo Laredo, Matamoros, Piedras Negras y Ciudad Juárez.
   a. mexicanas
   b. fronterizas
   c. españoles

2. Al otro lado de la frontera con Brownsville está _____.
   a. Tijuana
   b. Piedras Negras
   c. Matamoros

3. Estas ciudades están unidas con las ciudades estadounidenses por medio de _____ y _____.
   a. carreteras, puentes
   b. radio, televisión
   c. mercados, tiendas

4. El plano de casi todas las ciudades fundadas por _____ es muy parecido.
   a. estadounidenses
   b. mexicanos
   c. españoles

5. Por lo general hay una _____ católica en el centro de la ciudad.
   a. tienda
   b. iglesia
   c. plaza

6. Hay _____ al aire libre donde se vende todo tipo de cosas.
   a. edificios
   b. plazas
   c. mercados

B Word Study

There are approximately twenty-four cognates in the reading. Can you find them?

26 La herencia española en los Estados Unidos

▨▨

Un día vino a hablar al club de español una historiadora especializada en historia estadounidense. Su nombre era Juliet Mendoza. La historiadora dio una charla° sobre la herencia° española en los Estados Unidos.

charla *lecture*
herencia *heritage*

—Muchos de los nombres de ciudades, estados, ríos y montañas° son españoles —dijo la señora Mendoza—. Los encontramos° en todas partes del país.

montañas *mountains*
encontramos *we find*

—Por ejemplo°, los estados de Florida, Nevada y Colorado y las ciudades de San Francisco, Los Ángeles, San Antonio, El Paso, Sacramento, Monterrey, San Diego y Amarillo tienen nombres españoles. También hay el Río Grande—el río en la frontera entre México y los Estados Unidos. También en inglés tenemos palabras que vienen del español: *lasso, rodeo, canyon, ranch, patio,* etc.

ejemplo *example*

—En el sur y en el oeste encontramos ejemplos de arquitectura española. Por lo general, las casas y los edificios están construidos alrededor de un patio central. Muchos techos° son de teja° roja al estilo español.

techos *roofs*
teja *tile*

—Con los conquistadores y colonizadores españoles vinieron sacerdotes° católicos que construyeron misiones e iglesias. Algunas misiones muy bonitas están en la ciudad de San Antonio y sus alrededores. Hace más de ciento cincuenta años° el territorio mexicano ocupaba el oeste y sudoeste de lo que hoy es Estados Unidos.

sacerdotes *priests*

Hace más de... años *More than . . . years ago*

—Los estados de Texas, California, Nevada, Arizona, Utah y partes de Nuevo México, Colorado y Wyoming eran territorio mexicano. México los perdió° en la guerra° contra los Estados Unidos en 1848 (mil ochocientos cuarenta y ocho). Hoy en día, hay muchos mexicanos que viven en esos estados, especialmente en el oeste y sudoeste.

perdió *lost*
guerra *war*

—El estado de Florida era de España. El gobierno de los Estados Unidos lo compró a principios° del siglo° diecinueve.

a principios *at the beginning*
siglo *century*

Misión San José, San Antonio, Texas

Después de leer

A **Indicate whether each statement is true or false. Correct the false statements.**

1. Una historiadora especializada en historia española vino al colegio.

2. La historiadora dio una charla sobre la herencia inglesa en los Estados Unidos.

3. La historiadora dijo que en los Estados Unidos no hay nombres de ciudades de origen español.

4. La palabra *lasso* viene del español.

5. México perdió una gran parte de su territorio en la guerra contra Francia en 1848.

6. El gobierno de los Estados Unidos compró la Florida de España.

B **Word Study**

Can you think of other places in the United States or other words in English that come from Spanish?

En una de las reuniones de Los aventureros, María describió una visita que hizo a Ciudad Juárez, México, el dieciséis de septiembre pasado. María dijo que el dieciséis de septiembre es feriado nacional en México porque ese día los mexicanos festejan su independencia. También festejan el cinco de mayo para conmemorar una victoria contra los franceses. María fue a una escuela en Ciudad Juárez, donde hubo un programa especial en conmemoración del día de la independencia.

Como a María le gusta mucho el español, ella ha decidido continuar con su estudio del idioma a nivel universitario. Fue una tarde a hablar con la señorita Scott sobre la posibilidad de estudiar español a nivel universitario. La profesora Scott le explicó como continuar su estudio del idioma. Le dijo también que hay universidades extranjeras que ofrecen cursos de verano.

Enrique y María fueron al cine en una ocasión. Fue la primera vez que salieron solos porque siempre salían con otros amigos. Enrique le dijo a María que le gustaba salir con ella porque era una persona muy generosa.

Un día la profesora Scott preguntó a los alumnos de su clase de cuarto año cuántos de ellos habían estado en una de las ciudades mexicanas de la frontera con los Estados Unidos. Cuatro estudiantes dijeron que habían estado en varias ciudades de la frontera. Uno de ellos, que se llamaba Juan, dijo que había ido a Ciudad Juárez y contó como fue el viaje y como era la ciudad. Juan también habló un poco de la historia de la ciudad. Otros estudiantes describieron sus viajes a otras ciudades fronterizas.

Un día vino a hablar al club de español del colegio una historiadora especializada en historia estadounidense. La historiadora dio una charla sobre la herencia española en los Estados Unidos. Dijo que muchos lugares del país tienen nombre español y que el vocabulario inglés tiene palabras que vienen del español. También habló de los ejemplos de arquitectura española que se ven en el país. La historiadora también habló de la guerra entre México y los Estados Unidos y de la compra de Florida.

Después de leer

Answer in complete sentences.

1. ¿Qué día festejan los mexicanos su independencia?
2. ¿Qué festejan el cinco de mayo?
3. ¿Qué hizo María el dieciséis de septiembre pasado?
4. ¿Para qué fue María una tarde a hablar con la señorita Scott?
5. ¿Qué ofrecen algunas universidades extranjeras?
6. ¿Adónde fueron Enrique y María la primera vez que salieron solos?
7. ¿Qué le dijo Enrique a María?
8. ¿Cuáles son algunas ciudades mexicanas de la frontera con los Estados Unidos?
9. ¿En qué estaba especializada la historiadora que vino al club?
10. ¿Sobre qué habló la historiadora?
11. ¿Quiénes fueron los primeros europeos que colonizaron los Estados Unidos?
12. ¿Qué lugares en los Estados Unidos tienen nombre español?

Horizontal

5. Enrique y María no se sentaron ni muy cerca ni muy lejos de la
_____.

9. Enrique y María compraron _____ para entrar en el cine.

11. _____ es la ciudad al otro lado de Eagle Pass.

12. La señorita Scott dice que la mejor manera de aprender bien el
español es _____ en otro país.

13. El cinco de _____ es el día que conmemora una victoria contra los
franceses.

14. En su primera cita, Enrique y María fueron al _____.

Vertical

1. El padre _____ dio el grito que inició la revolución.
2. _____ es la ciudad fronteriza que tiene nombre en honor a un presidente mexicano.
3. Juliet Mendoza es una _____ especializada en historia estadounidense.
4. Las ciudades fronterizas están unidas por medio de _____ y puentes.
6. Muchas _____ como San Francisco, Los Ángeles y San Antonio tienen nombres españoles.
7. Muchos _____ como Nevada, Florida y Colorado tienen nombres españoles.
8. El Grito de _____ inició la revolución de independencia.
10. El día dieciséis de _____ es la fecha de la independencia de México.

27 El trabajo de composición

㔚㔚㔚㔚㔚㔚㔚㔚㔚㔚㔚㔚㔚㔚㔚㔚㔚㔚㔚㔚㔚㔚㔚㔚㔚㔚㔚㔚㔚㔚㔚㔚㔚㔚㔚㔚㔚㔚㔚

Un jueves después de clase, Enrique y María estaban estudiando en la casa de él.

—La señorita Scott nos dio un trabajo de composición —comentó María.

—¿Sobre qué tienes que escribir? —preguntó Enrique.

—Sobre la capital de México —respondió María—. Básicamente tengo que describir la ciudad. Oye, ¿me ayudas? Yo no la conozco. He estado en la frontera, en Juárez, pero no en la capital del país. Tú sí has estado allí.

—Claro° que te ayudo. No hay problema —contestó Enrique—. A ver, ¿qué quieres saber?

Claro *Of course*

—Dime como es la ciudad.

—Bueno, como sabes, la capital de México es México, D.F. *D.F.* quiere decir Distrito Federal. También se la conoce° como la Ciudad de México. Es la ciudad más grande y más poblada° del país y una de las ciudades más pobladas del mundo.

se la conoce *it is known*

poblada *populated*

—Es una ciudad bonita donde se mezcla° lo antiguo con lo moderno. Esto lo puedes ver sobre todo en la arquitectura. Si vas a la Ciudad de México, vas a ver edificios modernos construidos al lado de edificios coloniales. La catedral tiene unos quinientos años y fue construida sobre las ruinas del templo principal de los aztecas. Es muy conocida y vienen a verla numerosos turistas.

se mezcla *are mixed*

—En la capital hay una gran cantidad° de plazas y parques donde pasea° mucha gente los fines de semana. El parque más conocido es el Bosque de Chapultepec y está situado en

cantidad *amount*

pasea *stroll*

un bosque° sobre una colina°. Hace muchos siglos el famoso Bosque de Chapultepec era un lugar de recreo para los aztecas. En el parque está el palacio que fue residencia del emperador Maximiliano. Hay muchas cosas divertidas° para hacer en el Distrito Federal.

—Algún día me gustaría llevarte a la Ciudad de México y mostrarte° esos lugares tan bonitos. Así podrías° escribir mil composiciones —dijo Enrique.

—Ya lo creo —contestó María—; pero por el momento, sólo me importa una, la de la señorita Scott.

bosque *woods*
colina *hill*

divertidas *fun*

mostrarte *to show you*
podrías *you could*

Catedral metropolitana, Ciudad de México

Después de leer

A **Indicate whether each statement is true or false. Correct the false statements.**

1. María tiene que hacer un trabajo de composición sobre la Ciudad de México.
2. Enrique ha estado allí.
3. La Ciudad de México y el Distrito Federal son dos ciudades distintas.
4. La Ciudad de México no es muy grande.
5. En la ciudad hay una mezcla de arquitectura moderna y colonial.
6. La catedral fue construida sobre las ruinas de un templo azteca.
7. El templo azteca fue residencia del emperador Maximiliano.
8. María tiene que escribir mil composiciones.

B **Word Study**

1. What does *diversion* mean in English? What word in the reading is a cognate? What does it mean?
2. There are approximately thirty-two cognates in the reading. Can you find them?

28 Una charla interesante

Enrique ha ido a la clase de María a hablar de México, en particular, de algunas ciudades mexicanas.

—La cultura que existía en México antes de la llegada° de los colonizadores europeos era una cultura avanzada. Por ejemplo —dice Enrique—, hay muchos que no saben que en México, cerca de la capital, hay dos pirámides casi del mismo tamaño° que las pirámides de Egipto. La mayor de estas pirámides es la Pirámide del Sol. La otra, de menor tamaño, es la Pirámide de la Luna. Los indígenas habían construido estas pirámides siglos antes de la llegada de los españoles en el lugar que se llama Teotihuacán. Los indígenas usaban estas pirámides como templos y como observatorios astronómicos.

—Cerca de la capital, hay también otro lugar interesante para todos los turistas. La Ciudad de México se construyó en el lugar donde estaba la antigua capital de los aztecas. La capital azteca estaba construida sobre un enorme lago°, el lago Texcoco. Cerca de la capital hay varios canales y hermosos jardines flotantes°.

—Otra ciudad importante de México es Guadalajara, la capital del estado de Jalisco. Es la segunda ciudad más importante de México. Guadalajara está al noroeste de la capital del país. Muchas turistas la visitan para ver su antigua catedral que es muy conocida°.

llegada *arrival*

tamaño *size*

lago *lake*

flotantes *floating*

conocida *well-known*

—Otra ciudad importante de México es Monterrey, que está cerca de la frontera con Texas. Al sur de México está la ciudad de Puebla donde los mexicanos derrotaron° a los franceses en el siglo diecinueve. Otras ciudades turísticas importantes son Acapulco, Mazatlán, Veracruz y Cancún.

 derrotaron *defeated*

—También en México hay muy buenas carreteras para los que quieren ir en carro. En México los turistas son siempre bienvenidos°.

bienvenidos *welcome*

▲ Teotihuacán, México

A Match each item in Column A to its description in Column B.

A	B
1. Texcoco	**a.** una ciudad donde hay una catedral famosa
2. azteca	**b.** el lugar donde estaba la antigua capital de los aztecas
3. Ciudad de México	**c.** una estructura que se usaba como templo o observatorio
4. Guadalajara	**d.** un lugar donde se encuentran pirámides enormes
5. Puebla	**e.** un lago grande
6. Pirámide del Sol	**f.** una ciudad donde los mexicanos derrotaron a los franceses
7. Teotihuacán	**g.** una cultura que existía en México antes de los españoles

B Word Study

There are approximately twenty-nine cognates in the reading. Can you find them?

29 Buenas y malas noticias

ᴇᴇᴇ

Esta tarde Enrique recibió una carta que estaba esperando ansiosamente. Era de una universidad en California. Enrique estaba muy nervioso. Sus padres le dijeron:

—Abre la carta. A ver qué te dicen.

Enrique abrió la carta y la leyó. Había un silencio. Luego Enrique miró a sus padres y les dijo:

—¡Me han admitido en la universidad! Y, además, ¡me han dado una beca° por dos años!

beca *scholarship*

—¡Nos alegramos por ti, hijo! —dijeron los padres, emocionados—. ¡Qué buena noticia° nos has dado!

noticia *news*

Enrique estaba contentísimo y fue a llamar por teléfono a María para contarle la buena noticia. Sin embargo, María estaba triste° y le dijo:

triste *sad*

—Hoy también me llegó una carta de una universidad en Nueva York. Me admitieron y empiezo las clases en el otoño. ¡Fíjate,° tú vas a California y yo a Nueva York! ¡Qué lejos vamos a estar!

Fíjate *Imagine*

—Sí, pero tú sabes que los buenos amigos nunca están lejos. Yo te llevaré siempre en mi corazón° —le dijo Enrique.

corazón *heart*

—Y tú estarás siempre en el mío —respondió María.

—Pero, anímate°. Cuando quieras venir a verme, ven a California. Y, si tú me invitas, yo iré a visitarte a Nueva York. Además, podemos escribirnos por e-mail y hablar por teléfono —dijo Enrique.

anímate *cheer up*

—Sí, tienes razón. Pero, prométeme° una cosa —le pidió María.

prométeme *promise me*

—¿Qué?

—Que nunca te olvidarás° de mí.

olvidarás *you will forget*

—Te lo prometo. Pero, prométeme tú también que no te olvidarás de mí —dijo Enrique.

—Claro que te lo prometo —respondió María.

—¿Pero por qué nos preocupamos? —dijo Enrique—. Todavía nos quedan cuatro meses, y mientras tanto, tenemos tantas cosas que hacer. Oye, María, ¿me ayudas con el examen de historia que tengo mañana?

—Claro —contestó María—. ¿Voy a tu casa o tú vienes a la mía?

—Mejor voy a la tuya —dijo Enrique—. En tu casa hay menos ruido°.

ruido *noise*

—Bueno, te espero.

—Nos vemos en unos minutos.

Después de leer

A **Answer in complete sentences.**

1. ¿Qué noticias recibió Enrique?
2. ¿Cómo reaccionaron sus padres?
3. ¿Por qué estaba triste María?
4. ¿Qué se prometen Enrique y María?
5. ¿Cuántos meses les quedan?

B **Word Study**

What verb in the reading means *to be worried* or *preoccupied?*

30 Enrique y María se gradúan

Ya es el mes de junio y el año escolar acaba de terminar. Esta noche es la graduación de los alumnos del Colegio Glenview. María y Enrique están contentos y tristes a la vez°. Ellos tienen buenos recuerdos° de los últimos cuatro años que nunca podrán olvidar.

La ceremonia de graduación tiene lugar° en el gimnasio del colegio. Hay mucha gente presente: la directora del colegio, los profesores y también los padres, los parientes° y los amigos de los alumnos. Han invitado a una poeta muy conocida para saludar a los estudiantes.

La directora inicia la ceremonia y habla a los presentes. Luego la poeta invitada se dirige° al público y recita un poema. La poeta anima° a los alumnos a esforzarse° y a estudiar para prepararse para el futuro. Ella les dice que el futuro del país y del mundo depende de ellos y que nunca deben° olvidarse de sus ideales.

Después la directora entrega° los diplomas a cada uno de los alumnos. Los padres de los alumnos están muy emocionados y muy orgullosos° de sus hijos.

Después de la ceremonia, Enrique, María y sus familias se sacan fotos°. Luego la señorita Scott felicita° a los padres de María y a los de Enrique.

Enrique y María están tristes porque pronto van a estar separados. Ellos prometen escribirse mucho y llamarse por teléfono. Enrique le regala un libro a María y María le da un bolígrafo muy bonito a Enrique.

a la vez *at the same time*
recuerdos *memories*
tiene lugar *takes place*
parientes *relatives*
se dirige *addresses*
anima *encourages*
esforzarse *to apply themselves*
deben *they should*
entrega *hands out*
orgullosos *proud*
se sacan fotos *take photos*
felicita *congratulates*

▲ Enrique y María están tristes porque van a estar separados.

Después de leer

A Indicate whether each statement is true or false. Correct the false statements.

1. El año escolar termina en mayo.
2. La ceremonia tiene lugar en el gimnasio.
3. La directora recita un poema.
4. La invitada especial entrega los diplomas a los alumnos.
5. Los padres están muy orgullosos.
6. Enrique y María están tristes porque no recibieron sus diplomas.

B Word Study

What does **regalo** mean in English? What verb in the reading means *to give a gift*?

Repaso 6

Un jueves después de clase, Enrique le habló a María sobre la capital de México. Enrique le dijo que México, D.F. es la ciudad más grande y más poblada del país y una de las ciudades más pobladas del mundo. Dijo que es una ciudad bonita donde se mezcla lo antiguo con lo moderno y que esto se puede ver sobre todo en la arquitectura. Dijo que la catedral fue construida sobre las ruinas del templo principal de los aztecas.

Enrique también fue a la clase de María a hablar sobre algunas ciudades mexicanas. Dijo que la cultura que existía en México antes de la llegada de los colonizadores europeos era una cultura avanzada. Explicó que los indígenas habían construido pirámides siglos antes de la llegada de los españoles. Los indígenas usaban estas pirámides como templos y como observatorios astronómicos.

Una tarde Enrique recibió una carta de una universidad en California. Contó a sus padres que le habían admitido en la universidad y que además le habían dado una beca por dos años. Enrique estaba contentísimo y llamó por teléfono a María para contarle la noticia. Sin embargo, María estaba triste porque ella iba a Nueva York, muy lejos de su amigo.

La ceremonia de graduación del Colegio Glenview tuvo lugar en el gimnasio del colegio. La directora inició la ceremonia y habló a los presentes. La invitada especial, una poeta, se dirigió al público y recitó un poema. La poeta animó a los alumnos a esforzarse y a estudiar para prepararse para el futuro. Después, la directora entregó los diplomas a los alumnos.

Al terminar la ceremonia, Enrique y María estaban tristes, pero prometieron escribirse y llamarse por teléfono. Enrique le regaló un libro a María y María le dio un bolígrafo muy bonito a Enrique.

Después de leer

A **Answer in complete sentences.**

1. ¿Cuál es la ciudad más grande y más poblada de México?
2. ¿Adónde fue Enrique para hablar sobre algunas ciudades mexicanas?
3. ¿Qué dijo de la cultura de los indígenas mexicanos?
4. ¿Para qué usaban los indígenas las pirámides?
5. ¿Qué decía la carta que recibió Enrique?
6. ¿Fue también admitida María en la universidad?
7. ¿Estaba contenta María? ¿Por qué?
8. ¿Dónde tuvo lugar la ceremonia de graduación del colegio?
9. ¿Quién inició la ceremonia?
10. ¿Quién habló después?
11. ¿Qué dijo la poeta?
12. ¿Qué se regalaron María y Enrique?

B **Expansion Activities**

1. How will Enrique and María spend their summer vacation? Write a story in Spanish describing the experiences they share in the months before they each leave for college.
2. What will happen to María and Enrique in the future? Write a story in Spanish describing what their lives will be like in the next few years.

Repaso 6

Crucigrama 6

Horizontal

2. La ceremonia de graduación es en el mes de _____.
6. La catedral de la Ciudad de México fue construida sobre las ruinas de un templo _____.
10. Las pirámides eran templos y _____ astronómicos.
11. La invitada especial de la ceremonia de graduación es una _____ muy conocida.
12. Enrique le regaló un _____ a María.
13. Enrique recibió una _____ para estudiar en la universidad.
14. Después de la ceremonia, Enrique y María sacaron muchas _____.

Vertical

1. La _____ inició la ceremonia de graduación.
3. María le regaló un _____ a Enrique.
4. La Ciudad de México también se conoce como el Distrito _____.
5. María escribe una composición sobre la Ciudad de _____.
7. María está _____ porque va a estar lejos de Enrique.
8. Enrique y María prometen _____ mucho y llamarse por teléfono.
9. Enrique dice que en México hay _____ como en Egipto.

Segunda parte

Historia de México

México prehispánico

En la región que hoy se conoce como México, habitaron varios grupos indígenas por muchos siglos antes de la llegada de los exploradores europeos. Los olmecas son considerados como el primer grupo indígena de mayor importancia en la región. Su cultura data de los años 1500 a.C. Los olmecas construyeron centros ceremoniales. Son más conocidos por las cabezas colosales. Estas cabezas impresionantes son esculturas monumentales hechas de piedra°.

hechas de piedra *made of stone*

▲ Cabeza colosal

La civilización maya floreció° entre los años 200 y 900 d.C. Los mayas tuvieron una civilización bastante avanzada. Construyeron templos grandes. Inventaron un sistema complejo de escritura con jeroglíficos que representaron su historia y su vida. Sabían matemáticas y astronomía. Hacían cálculos complejos para desarrollar° su calendario.

floreció *flourished*

desarrollar *to develop*

Los aztecas también eran avanzados y tenían un calendario. Eran muy religiosos y construyeron templos para honrar a sus dioses°. Realizaron sacrificios humanos para ofrecer a los dioses. Los aztecas florecieron durante el siglo XV y dominaban la región central del país. Otros grupos indígenas pagaban tributos a los aztecas. Cuando llegaron los españoles a las costas a principios del siglo XVI, Moctezuma era emperador de los aztecas, el pueblo más poderoso° de la región.

dioses *gods*

poderoso *powerful*

Después de leer

Contesta en oraciones completas.

1. ¿Cómo se llama el primer grupo indígena de mayor importancia en México?
2. ¿Qué es una cabeza colosal?
3. ¿Cuándo floreció la civilización maya?
4. ¿Qué evidencia hay para explicar que era una civilización avanzada?
5. ¿Qué grupo indígena dominaba la región central cuando llegaron los españoles?
6. ¿Qué evidencia hay para explicar que dominaban la región?
7. ¿Qué realizaron para ofrecer a los dioses?
8. ¿Quién era el emperador?

2 Hernán Cortés

Hernán Cortés fue un capitán español que salió de España con destino a Cuba en busca de riquezas° y aventuras. Otros exploradores y comerciantes habían llegado a las costas de México. En Cuba, Cortés recibió noticias de este país muy rico.

riquezas *riches*

En el año 1519, Cortés llegó a la costa oriental° de México con 11 barcos° pequeños, un ejército° de 450 soldados, 100 marineros, 14 cañones y 16 caballos. El valiente capitán español pretendía conquistar° a una gran nación con este pequeño ejército.

oriental *eastern*
barcos *ships*
ejército *army*

pretendía conquistar *intended to conquer*

Cortés entró en batalla con varios grupos indígenas en la región de la costa. Él mandó reconocimiento de la autoridad de la iglesia cristiana y del rey español. Los indígenas tenían su propia religión y sus propios líderes. Los españoles eran extranjeros°. Puesto que° los indígenas no tenían armas de fuego°, muchos fueron derrotados por los españoles.

extranjeros *foreigners*
Puesto que *Since*
armas de fuego *firearms*

Después de pasar varias semanas en la costa, Cortés fundó un pueblo que llamó Villa Rica de la Vera Cruz y que hoy se conoce como Veracruz.

Después de leer

Contesta en oraciones completas.

1. ¿Quién fue Hernán Cortés?
2. ¿De dónde salió y adónde fue?
3. ¿Qué noticias recibió en Cuba?
4. ¿En qué año llegó Cortés a México?
5. ¿A qué costa llegó?
6. ¿Cuántos barcos y soldados tenía Cortés?
7. ¿Cuántos caballos tenía?
8. ¿Qué pretendía Cortés?
9. ¿Qué mandó Cortés?
10. ¿Por qué entraron en batalla los españoles y los indígenas?
11. ¿Por qué fueron derrotados muchos indígenas por los soldados españoles?
12. ¿Qué ciudad fundó Cortés?

Moctezuma

Cuando los españoles llegaron a las costas de México, fue la primera vez que los indígenas vieron a hombres blancos. Algunos creyeron que los españoles eran dioses. Cuando los soldados españoles dispararon° sus cañones contra ellos, los indígenas creyeron que los españoles controlaban el trueno°. Y cuando vieron a soldados españoles montados a caballo, creyeron que estos soldados eran mitad° hombre y mitad bestia°.

Moctezuma, el emperador azteca, era un hombre muy inteligente, pero temía° a sus dioses. Les ofrecía sacrificios humanos para aplacarlos°. Cuando Moctezuma recibió noticias de la llegada de los españoles a las costas de la región central de México, él le envió regalos muy ricos a Cortés y le pidió que abandonara° el país. Algunos de los regalos de Moctezuma eran de oro°. Cuando Cortés y sus soldados los vieron, se llenaron de codicia° y quisieron conquistar ese país donde había tanta riqueza.

dispararon *shot*

trueno *thunder*

mitad *half*
bestia *beast*

temía *feared*

aplacarlos *to appease them*

le pidió que abandonara *he asked him to leave*
oro *gold*

se llenaron de codicia *became filled with greed*

Contesta en oraciones completas.

1. ¿Qué creyeron los indígenas cuando vieron a los hombres blancos?
2. ¿Por qué creyeron que los españoles controlaban el trueno?
3. ¿Qué creyeron que eran los soldados montados a caballo?
4. ¿Cómo se llamaba el emperador de los aztecas?
5. ¿Cómo era?
6. ¿A quiénes temía y qué hacía para aplacarlos?
7. ¿Qué hizo el emperador cuando recibió noticias de la llegada de los españoles?
8. ¿Qué pensó Cortés cuando vio los regalos de oro del emperador?

4 La astucia de Cortés

Gran parte de los soldados españoles era muy valiente, pero algunos temían a los indígenas porque ellos eran tan numerosos y los españoles eran tan pocos. Cortés pensó que esos soldados querrían volver a Cuba. Para evitar° esto, el capitán español concibió° un plan brillante.

evitar *avoid*
concibió *conceived of*

Cortés hundió° todos los barcos excepto uno. Entonces dijo a sus soldados que si había alguno que tenía miedo° y quería volver a Cuba podía volver en ese barco. Los soldados que tenían miedo no quisieron confesarlo y ninguno se atrevió° a abordar el barco. Entonces Cortés hundió el último barco que quedaba. Así los soldados no tuvieron otra opción sino conquistar México o morir porque no podían volver a Cuba.

hundió *sank*

tenía miedo *was afraid*

se atrevió *dared*

La astucia° de Cortés fue evidente en otras ocasiones también. Algunas de las naciones indígenas bajo° el dominio de los aztecas querían su independencia. Cortés notó estos sentimientos y se aprovechó de° la situación. Se hizo amistades° con los caciques° de estas naciones, y pronto estos ofrecieron su ayuda a Cortés para conquistar a los aztecas.

astucia *cunningness*

bajo *under*

se aprovechó de *took advantage of*
amistades *friendships*
caciques *chiefs*

Contesta en oraciones completas.

1. ¿Eran valientes los soldados de Cortés?
2. ¿Por qué algunos de ellos temían a los indígenas?
3. ¿Qué pensó Cortés que querrían hacer algunos de sus soldados?
4. ¿Qué hizo?
5. ¿Qué dijo entonces a sus soldados?
6. ¿Confesó alguno que tenía miedo?
7. ¿Qué hizo Cortés con el último barco que quedaba?
8. ¿Qué opción les quedó ahora a los soldados?
9. ¿Qué nación indígena tenía a las otras naciones bajo su dominio?
10. ¿Qué querían algunas de estas naciones?

5 La leyenda de Quetzalcoatl

Algunas de las naciones indígenas creían en la leyenda° de Quetzalcoatl. Según° la leyenda, en tiempos antiguos hubo un dios llamado Quetzalcoatl que había sido rey de la nación de los toltecas. Después de ayudar a los toltecas a alcanzar° un alto grado de civilización, se fue del país con la promesa de regresar algún día. La leyenda cuenta que este dios partió° en un barco de serpientes° y que era blanco de ojos grandes, pelo largo y negro y con una barba° muy tupida°.

Cuando los españoles llegaron a las costas de México, muchos de los indígenas creyeron que estos hombres blancos descendían del dios de la leyenda. Por eso temían a los españoles. El emperador Moctezuma también creyó que los españoles eran dioses y por eso les envió regalos ricos a los españoles con la esperanza° de que no vinieran a la capital azteca.

leyenda *legend*
Según *According to*

alcanzar *to reach*

partió *left*
serpientes *snakes*

barba *beard*
tupida *thick*

esperanza *hope*

Después de leer

Contesta en oraciones completas.

1. ¿En qué leyenda creían algunas de las naciones indígenas?
2. ¿Cómo se llamaba el dios de la leyenda?
3. ¿De qué nación había sido rey?
4. ¿Qué hizo este rey por el país?
5. ¿En qué partió del país?
6. ¿Cómo era Quetzalcoatl?
7. ¿Qué creyeron los indígenas cuando llegaron los españoles?

8. ¿Temían los indígenas a los españoles?
9. ¿Qué creyó Moctezuma?
10. ¿Por qué Moctezuma les envió regalos a los españoles?

▲ Templo de Quetzalcoatl, Teotihuacán, México

6 La Malinche

Como los españoles no sabían los idiomas que hablaban los indígenas, necesitaron un intérprete. Después de perder una batalla contra los españoles, el cacique les dio a los españoles unas jóvenes indígenas como regalo. En aquel entonces, por lo general, cuando los españoles conquistaban una nación indígena o cuando la nación se aliaba° a los españoles, era costumbre° de los nobles dar a sus hijas a los oficiales del ejército español.

se aliaba *made an alliance*

costumbre *customary*

Entre las indígenas hubo una joven india° muy inteligente que hoy se conoce como La Malinche. A esta le pusieron el nombre cristiano «Marina» y después de poco tiempo los españoles se dieron cuenta de° que ella hablaba el idioma de los mayas y tambіén el idioma de los aztecas. Había un sacerdote católico entre los españoles que sabía hablar el idioma de los mayas. Cuando se encontraban con los aztecas, Marina traducía° lo que decían los aztecas al idioma de los mayas y el sacerdote lo traducía al español para Cortés. Marina era la intérprete que necesitaba el capitán español.

india *native woman*

se dieron cuenta de *realized*

traducía *translated*

Marina llegó a ser° muy conocida en todas las tierras de México. Algunos la consideraban heroína y la apreciaban mucho por su ayuda en la conquista de los aztecas. Otros la consideraban traidora°. Pero lo que no se debate es que era una indígena inteligente y valiente.

llegó a ser *became*

traidora *traitor*

Contesta en oraciones completas.

1. ¿Por qué necesitaron los españoles un intérprete?
2. ¿Por qué les dio el cacique unas jóvenes indígenas a los españoles?
3. ¿De qué nombre se conoce la intérprete?
4. ¿Qué nombre cristiano le pusieron los españoles?
5. ¿Qué idiomas sabía ella?
6. ¿Quién era el otro intérprete?
7. ¿Qué idiomas sabía él?
8. ¿Cómo comunicó Cortés con los aztecas?
9. ¿Por qué apreciaban los españoles a Marina?
10. ¿Por qué algunos la veían como traidora?

Cuando llegaron los españoles a las costas de México, los aztecas formaban la nación más poderosa de la región. Por muchos siglos anteriores, civilizaciones avanzadas habitaron el país. La civilización olmeca es conocida por las impresionantes cabezas colosales. De los mayas se conocen sus templos, sus jeroglíficos y sus matemáticas. De los aztecas se conocen sus templos y su calendario. Los poderosos aztecas dominaban la región de México cuando llegó Hernán Cortés en el año 1519.

Cortés, un capitán español, fue a México en busca de aventuras y riquezas. Llegó a la costa con pocos barcos, soldados y marineros y pretendía conquistar la nación azteca. Él mandó reconocimiento de la autoridad de la iglesia cristiana y del rey español. Los indígenas no tenían armas de fuego y por consecuencia muchos fueron derrotados por los españoles. También Cortés fundó la ciudad de Veracruz.

Los indígenas creyeron que los españoles eran dioses y tenían mucho miedo de sus caballos y armas de fuego. El emperador de la nación azteca se llamaba Moctezuma. Era un hombre inteligente pero temía a sus dioses. Moctezuma le envió regalos de oro a Cortés y le pidió que abandonara el país. Los españoles se llenaron de codicia y decidieron conquistar ese país de tanta riqueza.

Algunos soldados españoles temían a los indígenas y querían volver a Cuba. Pero cuando Cortés hundió todos los barcos, los soldados no tuvieron otra opción sino conquistar México o morir. Algunas de las naciones indígenas querían su independencia del dominio azteca y ofrecieron su ayuda a Cortés. Por eso formaron alianzas con el capitán español.

Gran parte de los indígenas creía en la leyenda de Quetzalcoatl. Según la leyenda, era un dios que prometió volver algún día. Los indígenas creyeron que los españoles descendían del dios Quetzalcoatl y por eso temían

muchísimo a los españoles. El emperador Moctezuma
también creyó que los españoles eran dioses y por eso les
envió regalos ricos con la esperanza de que no vinieran a
la capital azteca.

La intérprete de los españoles fue La Malinche
(o Marina), una joven indígena muy inteligente. Ella sabía
el idioma de los mayas y el idioma de los aztecas. Un
sacerdote español sabía el idioma de los mayas también.
Marina y el sacerdote traducían para Cortés y los
indígenas. Algunos la consideran heroína; otros, traidora.

Después de leer

Contesta en oraciones completas.

1. ¿Qué civilizaciones antiguas habitaban
   México?
2. ¿Qué evidencia hay para explicar que eran
   civilizaciones avanzadas?
3. ¿Qué nación dominaba cuando llegó Cortés?
4. ¿Quién fue Hernán Cortés?
5. ¿Para qué fue a México?
6. ¿Llevaba muchos barcos y hombres?
7. ¿Qué pretendía Cortés?
8. ¿Qué ciudad fundó?
9. ¿Cómo se llamaba el emperador de los
   aztecas?
10. ¿Por qué tenía miedo de los españoles?
11. ¿Qué le envió a Cortés? ¿Por qué?
12. ¿Cómo reaccionaron los españoles?
13. ¿Qué hizo Cortés con los barcos? ¿Por qué?
14. ¿Por qué formaron alianzas con Cortés
    algunos grupos indígenas?
15. ¿En qué leyenda creían muchos de los
    indígenas?
16. ¿Quién fue La Malinche?

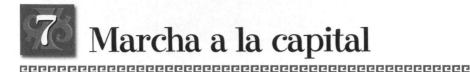

7 Marcha a la capital

Cortés inició su marcha a Tenochtitlán, la capital azteca, con 450 soldados españoles, 15 caballos, 6 cañones pequeños y numerosos sirvientes°.

sirvientes *servants*

Primero fue con su pequeño ejército a las tierras de los indios totonacos, quienes recibieron bien a los españoles. Los totonacos y varios otros grupos de la región estaban bajo el dominio de Moctezuma. Estos grupos pagaban tributos a los aztecas. Cortés se dio cuenta de que podía aprovecharse de la situación de estos grupos indígenas. Pronto se aliaron. Así que Cortés marchó a la capital azteca con un gran número de guerreros° indios junto con sus soldados españoles.

guerreros *warriors*

En su marcha, Cortés y sus soldados pasaron por ciudades tan grandes y hermosas como muchas de las ciudades de España. En esas ciudades encontraron magníficos palacios así como casas de piedra y adobe. Los caciques vivían en residencias enormes con jardines hermosos. Muchas de estas naciones indígenas tenían una cultura y una civilización muy avanzadas.

El ejército de Cortés tuvo que librar° varias batallas contra fuerzas° numerosas de indígenas. Hubo ejércitos de indios que tenían 100.000 guerreros, pero el pequeño ejército español y sus aliados ganaron muchas de estas batallas. Los españoles pudieron derrotar a sus enemigos sobre todo por tres razones importantes: tenían armas superiores, tenían aliados indígenas y todavía creían muchos indígenas que los españoles eran dioses.

librar *fight*
fuerzas *forces*

▲ Hernán Cortés

Después de leer

Contesta en oraciones completas.

1. ¿Cómo se llamaba la capital azteca?
2. ¿Adónde fue primero Cortés en su marcha a la capital?
3. ¿Cómo recibieron los totonacos a los españoles?
4. ¿Por qué hicieron alianza con Cortés?
5. En la marcha, ¿cómo eran las ciudades por donde pasaron los españoles?
6. ¿Dónde vivían los caciques?
7. ¿Tuvo que librar batallas Cortés?
8. ¿Eran grandes los ejércitos de los indígenas?
9. ¿Por qué pudieron derrotar a sus enemigos los españoles?

8 La marcha continúa

La nación indígena que más resistencia opuso° a Cortés fue los tlaxcaltecas. Sin embargo, los españoles lograron° derrotar al numeroso ejército de estos indígenas en varias ocasiones y los tlaxcaltecas llegaron a ser aliados de los españoles.

opuso *opposed, offered*

lograron *were able to*

Los españoles se quedaron tres semanas en Tlaxcala, capital de la nación tlaxcalteca. Cuando estuvieron allí, el emperador Moctezuma envió mensajeros° con regalos a Cortés invitándolo a venir a Tenochtitlán, la capital de los aztecas. En realidad, Moctezuma quería que los españoles se fueran del país. Creía que eran dioses y por eso no quería entrar en batalla contra ellos. Cuando vio que los españoles no tenían intención de marchar del país, sin otra opción, los invitó a la capital.

mensajeros *messengers*

De Tlaxcala los españoles fueron a Cholula, capital de otra nación indígena. Los habitantes de esta ciudad recibieron a los españoles con hospitalidad, pero pocos días después de su llegada planearon matar° a todos los españoles. Cuando Cortés se enteró de° lo que planeaban, mandó° matar a más de 6.000 cholutecas. Muchos guerreros tlaxcaltecas ayudaron a los españoles en esta horrible matanza°.

planearon matar *planned to kill*

se enteró de *found out about*
mandó *ordered*

matanza *slaughter*

Después de quedar en Cholula tres semanas, el ejército español continuó la marcha a la capital azteca con más de 6.000 aliados indios. El ejército llegó pronto a Tenochtitlán, donde fue recibido por el emperador Moctezuma.

Después de leer

Contesta en oraciones completas.

1. ¿Cuál fue la nación indígena que más resistencia opuso a los españoles?
2. ¿Los tlaxcaltecas llegaron a ser aliados de los españoles?
3. ¿Cuánto tiempo se quedaron los españoles en Tlaxcala?
4. ¿Qué era Tlaxcala?
5. ¿Quién envió mensajeros a los españoles?
6. ¿Qué mensaje le envió a Cortés?
7. De Tlaxcala, ¿para dónde fueron los españoles?
8. ¿Cómo recibieron los cholutecas a los españoles?
9. ¿Qué planearon los cholutecas?
10. ¿Qué hizo Cortés cuando se enteró de los planes de los cholutecas?
11. ¿Cuánto tiempo se quedó Cortés en Cholula?
12. De allí, ¿adónde fue?

9 Moctezuma recibe a Cortés

⊏⊏

Cuando Cortés entró en la capital azteca con su pequeño ejército, el emperador Moctezuma junto con° varios nobles y una gran multitud de la población salió a recibirlo. Cortés y el emperador intercambiaron° regalos y entonces el capitán español y sus soldados fueron conducidos° a una residencia magnífica donde fueron hospedados°.

En la época de° la llegada de los españoles, Tenochtitlán era una ciudad grande y hermosa construida sobre un lago que tenía varios

junto con *along with*

intercambiaron *exchanged*

conducidos *led*

hospedados *housed, lodged*
En la época de *At the time of*

▲ Moctezuma recibe a Cortés

canales. Los comerciantes° ricos y los nobles de la capital tenían residencias lujosas con jardines hermosos. Además, las tiendas y los mercados eran tan buenos como los que había en España en aquel tiempo. Por lo general, las casas eran de un solo piso y estaban construidas con adobe o piedra.

comerciantes *merchants*

Los edificios más grandes de la ciudad eran los templos de los dioses aztecas. El más importante de estos fue consagrado° al dios Huitzilopochtli. Este templo estaba situado en el centro de la ciudad y tenía forma de pirámide. En la cima° del templo ardía° una llama° y cerca de la llama había altares en los cuales se sacrificaban víctimas humanas, en su mayor parte, prisioneros de guerra.

consagrado *dedicated*

cima *top, summit*
ardía *burned*
llama *flame*

Después de leer

Contesta en oraciones completas.

1. ¿Quién recibió a Cortés a su llegada a Tenochtitlán?
2. ¿Qué intercambiaron Cortés y el emperador?
3. ¿Adónde fueron conducidos los españoles?
4. ¿Cómo era la ciudad?
5. ¿Cómo eran las residencias de los comerciantes ricos y de los nobles?
6. ¿Cómo eran las tiendas y mercados?
7. ¿Con qué se construían las casas?
8. ¿Cuáles eran los edificios más grandes de la ciudad?
9. ¿A qué dios fue consagrado el templo más importante de la ciudad?
10. ¿Dónde estaba este templo?
11. ¿Qué forma tenía?
12. ¿Qué tenía en la cima?
13. ¿Qué se sacrificaba en los altares?
14. ¿Quiénes eran estas víctimas en su mayor parte?

10 Moctezuma, prisionero

CCCCCCCCCCCCCCCCCCCCCCCCCCCCCCCCCCCCCCCCCCCCC

El emperador Moctezuma y Cortés se entrevistaron° varias veces desde el día de la llegada de los españoles a Tenochtitlán. Moctezuma no sólo era el emperador sino también el sacerdote principal de la religión azteca. Cortés era cristiano.

se entrevistaron *met*

Después de varias semanas de permanecer° en la capital azteca, los españoles empezaron a temer que los aztecas estuvieran planeando matarlos. Para garantizar° su seguridad°, Cortés concibió el plan de capturar al emperador Moctezuma. Cortés pensó que, haciendo a Moctezuma prisionero, los soldados aztecas no se atreverían a tocar° a los españoles. Así, un día Cortés fue adonde estaba Moctezuma y lo capturó.

permanecer *staying*

garantizar *guarantee*
seguridad *safety*

tocar *touch*

A partir de entonces,° Moctezuma tuvo que vivir en el palacio de Cortés. El emperador tenía mucha libertad y recibía la visita de los nobles y de sus amigos, pero no podía salir del palacio. Moctezuma estaba lógicamente muy triste. También los aztecas estaban muy tristes y contrariados°. Sin embargo, aunque el ejército español era pequeño, los aztecas no se atrevían a pelear° contra los españoles porque temían que mataran a su emperador.

A partir de entonces *Since then*

contrariados *upset*

pelear *to fight*

Contesta en oraciones completas.

1. Además de emperador, ¿qué era Moctezuma?
2. ¿De qué religión era Cortés?
3. ¿Qué empezaron a temer los españoles?
4. ¿Qué plan concibió Cortés?
5. ¿Qué pensó Cortés?
6. ¿Qué hizo Cortés un día?
7. ¿Dónde estaba prisionero el emperador?
8. ¿Tenía libertad el emperador?
9. ¿Podía recibir visitas? ¿Quién lo visitaba?
10. ¿Podía salir del palacio?
11. ¿Cómo estaba Moctezuma? ¿Y los aztecas?
12. ¿Por qué los aztecas no se atrevían a pelear contra los españoles?

En su marcha a la capital azteca, Cortés fue primero con su pequeño ejército a las tierras de los indios totonacos. Los totonacos recibieron bien a los españoles y pronto se aliaron. Les dieron una gran cantidad de soldados indígenas para ayudarlos en su conquista. El ejército de Cortés tuvo que librar varias batallas contra grupos indígenas, pero los españoles y sus aliados ganaron casi todas.

Los tlaxcaltecas pelearon contra los españoles pero fueron derrotados y llegaron a ser sus aliados también. Cuando Cortés estuvo en la capital tlaxcalteca, Moctezuma envió mensajeros invitándolo a visitar la capital. De Tlaxcala los españoles fueron luego a Cholula, capital de otra nación indígena. Cuando Cortés se enteró de que los cholutecas estaban planeando matar a los españoles, él mandó matar a más de 6.000 cholutecas.

El ejército llegó pronto a la capital azteca, donde fue recibido por el emperador Moctezuma. Tenochtitlán era una ciudad grande y hermosa construida sobre un lago que tenía varios canales. Tenía casas y mercados tan buenos como los que había en España. Había muchos templos y el más importante de estos fue consagrado al dios Huitzilopochtli, donde se ofrecían sacrificios humanos.

Después de varias semanas de permanecer en la capital azteca, los españoles empezaron a temer que los aztecas estuvieran planeando matarlos. Para garantizar su seguridad, Cortés capturó al emperador Moctezuma. Aunque el ejército español era pequeño, los aztecas no se atrevían a pelear contra los españoles porque temían que mataran a su emperador.

Después de leer

Contesta en oraciones completas.

1. ¿Adónde fue Cortés primero?
2. ¿Cómo recibieron a los españoles estos indígenas?
3. ¿Qué pasó entre los españoles y los totonacos?
4. ¿Qué dieron los totonacos a los españoles?
5. ¿Quiénes más se aliaron con los españoles?
6. En Tlaxcala, ¿quién envió mensajeros a Cortés?
7. De Tlaxcala, ¿para dónde fueron los españoles?
8. ¿Qué estaban planeando los habitantes de Cholula?
9. ¿Qué hizo Cortés cuando se enteró del plan?
10. ¿Quién fue a recibir a Cortés a su llegada a la capital azteca?
11. ¿Cómo era la capital?
12. ¿Cuál era el templo más importante?
13. ¿Qué ofrecían en ese templo?
14. ¿Qué empezaron a temer los españoles después de algunas semanas?
15. ¿Qué hizo Cortés?
16. ¿Por qué los aztecas no se atrevían a pelear contra los españoles?

11 Llega una flota

Esa era la situación en Tenochtitlán cuando Cortés recibió noticias de la llegada a Veracruz de una flota° española. Velázquez, gobernador de Cuba y antiguo enemigo° de Cortés, había enviado a Veracruz una flota de 11 barcos, más de 900 soldados, 80 caballos y gran cantidad de cañones al mando de° Pánfilo de Narváez. Este tenía órdenes de capturar a Cortés y enviarlo de vuelta° a Cuba.

Cuando Cortés se enteró de esto, decidió ir a Veracruz y enfrentar° a Narváez. Así, partió de la capital con 140 soldados españoles y algunos guerreros indígenas, dejando° al resto de su ejército—unos 140 soldados españoles—en la capital azteca bajo el mando del capitán Pedro de Alvarado. En Cholula, camino a Veracruz, Cortés agregó° 120 soldados a su pequeño ejército.

Mientras tanto, Narváez había movido su ejército a Cempoala, capital de los totonacos. Como su ejército era mucho mayor que el de Cortés, Narváez no temía un ataque de este. Sin embargo, Cortés llegó a Cempoala pocos días después y lanzó° un ataque por la noche. Con sólo 260 soldados, logró tomar la ciudad defendida por 900 soldados.

Sólo murieron durante el ataque cuatro de los soldados de Cortés y quince de los soldados de Narváez. Los soldados de Narváez que fueron capturados luego se alistaron en° el ejército de Cortés y la mayor parte de ellos regresaron° a la capital con él.

flota *fleet*

enemigo *enemy*

al mando de *under the command of*

de vuelta *back*

enfrentar *face*

dejando *leaving*

agregó *added*

lanzó *launched*

se alistaron en *enlisted in*

regresaron *went back*

Contesta en oraciones completas.

1. ¿Cuál fue la noticia que recibió Cortés?
2. ¿Quién era Velázquez?
3. ¿Qué había enviado Velázquez a Veracruz?
4. ¿Bajo el mando de quién era la flota?
5. ¿Qué órdenes tenía Narváez?
6. ¿Qué hizo Cortés cuando se enteró de esto?
7. ¿Con cuántos soldados partió de la capital?
8. ¿A quién dejó en la capital azteca?
9. ¿Qué pasó en Cholula?
10. ¿Era más grande el ejército de Cortés o el ejército de Narváez?
11. ¿Esperaba Narváez un ataque de Cortés en Cempoala? ¿Por qué?
12. ¿Qué hizo Cortés al llegar a Cempoala?
13. ¿Quién ganó la batalla?
14. ¿Cuántos soldados murieron?
15. ¿Qué hicieron los soldados de Narváez que fueron capturados?

12 Otra cruel matanza

Durante la ausencia° de Cortés de la capital, Pedro de Alvarado quiso mostrar una vez más a los aztecas el poder de las fuerzas españolas. Cuando los nobles aztecas planearon una gran fiesta religiosa en el templo mayor, Alvarado tuvo miedo. Cantaron y bailaron en la fiesta. Los españoles temían que la ceremonia fuera preludio a un ataque contra ellos.

No se sabe si Alvarado reaccionó a rumores o si se sentía vulnerable con la ausencia de Cortés y con pocos soldados españoles en la capital. Pero la ocasión para dar una lección a los aztecas se presentó cuando tuvo lugar esta gran fiesta religiosa. Alvarado entró en el templo con sus soldados españoles y algunos guerreros aliados y mató a más de 600 de los principales nobles aztecas.

ausencia *absence*

▲ Plano de la capital de Tenochtitlán

Cuando los aztecas que estaban fuera del templo se enteraron de esta horrible matanza, se enfurecieron° y se sublevaron° en masa en contra de los conquistadores. Fue con gran dificultad que los españoles pudieron llegar a su cuartel°. Aunque la distancia del templo al cuartel no era larga, murieron seis soldados españoles en el camino. Después de que los españoles llegaron a su cuartel, todavía tuvieron que combatir a los aztecas. Los ataques continuaron durante varios días.

Mientras tanto, Alvarado había enviado mensajeros a Cortés, que ahora estaba en Veracruz, informándole de la situación peligrosa° de los españoles en la capital. Cortés inició la marcha a Tenochtitlán con 1.100 soldados españoles y algunos aliados indígenas, dejando sólo 100 soldados españoles para proteger° a Veracruz.

se enfurecieron *became infuriated*
se sublevaron *revolted*

cuartel *quarters*

peligrosa *dangerous*

proteger *protect*

Después de leer

Contesta en oraciones completas.

1. ¿Qué quiso mostrar Pedro de Alvarado?
2. ¿Qué planearon los nobles aztecas?
3. ¿Qué temían los españoles?
4. ¿Qué hizo Alvarado?
5. ¿Qué hicieron los aztecas cuando se enteraron de la matanza?
6. ¿Cuántos soldados murieron en el camino a su cuartel?
7. ¿Por cuánto tiempo continuaron los ataques?
8. ¿Qué hizo Alvarado después?

13 Muere el emperador

Cortés llegó rápidamente a Tenochtitlán y allí encontró todo tranquilo, pero vio que los aztecas se estaban preparando para matar a los españoles. Cortés decidió abandonar la capital, pero como los guerreros aztecas eran tan numerosos, esto parecía° imposible.

Antes de irse, Cortés trató de hacer las paces° con los aztecas. Con este fin, el emperador Moctezuma, con órdenes de Cortés, salió a la azotea° del palacio de Cortés y se dirigió a los aztecas que estaban abajo en la calle y trató de apaciguarlos°.

El pueblo azteca estaba tan enfurecido por la cobardía° de su emperador que le tiró° piedras. Una de estas piedras le dio al emperador en la frente° y causó una herida° grave. Algunos días después, Cortés mató al pobre emperador.

Después de la muerte de Moctezuma, un hermano menor del emperador, llamado Cuitláhuac, se convirtió en el nuevo emperador de los aztecas. Cuitláhuac era un guerrero muy valiente y, bajo su mando, los aztecas pelearon ferozmente° contra los españoles. Tristemente, el nuevo emperador murió cinco meses después.

Entonces se convirtió en emperador Cuauhtémoc, hombre de gran valentía que continuó la guerra contra los conquistadores españoles.

parecía *seemed*

hacer las paces *to make peace*

azotea *flat roof of a building*

apaciguarlos *to appease them*

cobardía *cowardliness*
tiró *threw*

frente *forehead*
herida *wound*

ferozmente *fiercely*

Contesta en oraciones completas.

1. ¿Cómo encontró la capital Cortés a su llegada?
2. ¿Qué estaban haciendo los aztecas?
3. ¿Qué decidió hacer Cortés?
4. ¿Por qué esto parecía imposible?
5. ¿Qué trató de hacer Cortés con los aztecas?
6. ¿Quién salió a la azotea del palacio de Cortés?
7. ¿Qué hizo Moctezuma en la azotea?
8. ¿Qué hicieron los aztecas que estaban en la calle? ¿Por qué?
9. ¿Qué le pasó al emperador?
10. ¿Cómo murió Moctezuma?
11. ¿Quién se convirtió en emperador?
12. ¿Cómo era el nuevo emperador?
13. ¿Cuándo murió Cuitláhuac?
14. ¿Quién se convirtió en emperador al morir Cuitláhuac?

14 La noche triste

Viendo que la situación iba empeorando° cada día, Cortés decidió abandonar la capital la noche del 1 de julio de 1520. Para salir de la ciudad, los soldados españoles tenían que cruzar° seis canales cuyos° puentes habían sido destruidos por los aztecas. El ejército español era tan pequeño y el ejército azteca tan grande que los españoles vieron que era casi imposible cruzar los canales. Los guerreros aztecas lucharon° contra los españoles en las calles; tiraron piedras desde las azoteas de las casas e hicieron todo lo posible para matarlos.

Después de una matanza sanguinaria° en la que Cortés perdió la mitad de sus tropas españolas, 4.000 aliados indígenas, casi todas sus armas de fuego y la mayor parte del tesoro° que había tomado del palacio de Moctezuma, Cortés logró salir de la capital y escapó de los aztecas.

Se dice° que, después de escapar de la ciudad, Cortés llegó a un lugar cerca de la ciudad y estaba tan triste que se sentó debajo de un árbol para llorar° su derrota y la pérdida° de tantos soldados valientes y de los ricos tesoros que él había dejado. En la distancia, él podía ver a los sacerdotes aztecas en la cima del templo mayor ofreciendo a sus dioses el corazón de los prisioneros españoles. Por eso se llama «La noche triste».

No se sabe si esto es leyenda o si fue un hecho verídico°, pero sí se sabe que Cortés empezó inmediatamente después a hacer planes para atacar la ciudad.

empeorando *worsening*

cruzar *cross*
cuyos *whose*

lucharon *fought*

sanguinaria *bloody*

tesoro *treasure*

Se dice *It is said*

llorar *to cry*
pérdida *loss*

verídico *actual*

Contesta en oraciones completas.

1. ¿Cómo estaba la situación en la capital?
2. ¿Qué decidió hacer Cortés?
3. ¿Cuándo decidió abandonar la capital?
4. ¿Qué tenían que cruzar los españoles para poder salir?
5. ¿Cómo era el ejército de los españoles? ¿Y el de los aztecas?
6. ¿Qué hicieron los aztecas cuando los españoles trataban de salir de la ciudad?
7. ¿Logró Cortés salir de la ciudad?
8. ¿Qué perdió al escapar?
9. ¿A qué lugar llegó?
10. ¿Qué hizo Cortés en ese lugar, según dicen?
11. ¿Qué podía ver él en la distancia?
12. ¿Qué planes empezó a hacer Cortés después de salir de la capital azteca?

Repaso 3

Cortés recibió noticias de la llegada a Veracruz de una flota española al mando de Pánfilo de Narváez. Velázquez, gobernador de Cuba, lo había enviado con órdenes de capturar a Cortés y enviarlo de vuelta a Cuba. Al enterarse de esto, Cortés partió de la capital y fue a Cempoala. Atacó por la noche con su pequeño ejército y derrotó al ejército mucho más numeroso de Narváez. Cortés tomó la ciudad y después los soldados de Narváez se alistaron en el ejército de Cortés.

Durante la ausencia de Cortés de la capital, el oficial que estaba al mando de los españoles, Pedro de Alvarado, mató a cientos de nobles aztecas durante una fiesta religiosa en el templo mayor. Esto enfureció a los aztecas, quienes se sublevaron en masa contra los españoles. Fue con gran dificultad que los españoles pudieron llegar a su cuartel. Los aztecas atacaron el cuartel durante varios días. Luego Cortés volvió a la capital con un ejército mayor.

Cuando Cortés llegó a Tenochtitlán, encontró todo tranquilo, pero vio que los aztecas se estaban preparando para matar a los españoles. Cortés trató de hacer las paces con los aztecas y ordenó al emperador que tratara de apaciguarlos. Pero los aztecas tiraron piedras; una le causó al emperador una herida grave. Poco tiempo después, Cortés mató al emperador. Cuitláhuac se convirtió en emperador y peleó contra los españoles, pero murió cinco meses después. Entonces subió a ser emperador Cuauhtémoc, hombre de gran valentía.

Una noche Cortés decidió abandonar la capital. Durante la salida, los aztecas lucharon tan ferozmente que Cortés perdió más de la mitad de sus tropas españolas, gran cantidad de soldados aliados indígenas, casi todas sus armas de fuego y la mayor parte de sus tesoros. Se dice que entonces el capitán español se sentó debajo de un árbol a llorar su derrota.

Después de leer

Contesta en oraciones completas.

1. ¿Qué noticia recibió Cortés?
2. ¿A quién había enviado a Veracruz el gobernador de Cuba?
3. ¿Qué órdenes tenía Narváez?
4. ¿Cortés salió de la capital azteca con un ejército grande o pequeño?
5. ¿Dónde y cuándo atacó Cortés al ejército de Narváez?
6. ¿Qué hicieron los soldados de Narváez después de la batalla?
7. ¿Qué hizo Pedro de Alvarado durante la ausencia de Cortés?
8. ¿Qué hicieron los aztecas?
9. ¿Cómo era la capital cuando llegó Cortés?
10. ¿Para qué se estaban preparando los aztecas?
11. ¿Qué trató de hacer Cortés? ¿A quién envió para hablar con los aztecas?
12. ¿Cómo reaccionaron los aztecas?
13. ¿Qué hizo después Cortés con Moctezuma?
14. Después de Moctezuma, ¿quién fue emperador?
15. ¿Quién fue emperador después de él?
16. ¿Cómo era Cuauhtémoc?

15 El sitio de la capital

Después de su derrota en la capital azteca, Cortés fue a Tlaxcala luchando en el camino contra los ejércitos aztecas que encontró, pero ganando las batallas. En Tlaxcala fue bien recibido por sus antiguos aliados. Quedó allí algún tiempo curando° a los soldados heridos y preparando la conquista de la capital.

En la capital tlaxcalteca, Cortés agregó a su ejército fuerzas españolas que habían venido a México de España y Cuba. Cortés construyó trece barcos para combatir contra las canoas aztecas en el lago Texcoco y en los canales de la capital.

Cuando volvió una vez más a la capital azteca, el conquistador español inició el sitio° de la ciudad por tierra y por agua. El sitio duró° setenta y cinco días. Aunque el nuevo emperador Cuauhtémoc había hecho gran provisión de maíz°, el alimento° principal de los aztecas, había un número tan grande de guerreros aztecas y aliados en la ciudad que mucho antes de que acabara el sitio los habitantes de la ciudad empezaron a sufrir hambre. También sufrieron falta° de agua cuando Cortés destruyó el acueducto que abastecía de° agua a los aztecas.

A pesar de° esto, los aztecas lucharon valientemente bajo el mando de su emperador. Se libraron grandes batallas donde ganaron algunas veces los aztecas y los españoles otras. En varias ocasiones Cortés envió al emperador mensajeros proponiéndole° su rendición°, pero Cuauhtémoc siempre respondía que los aztecas preferían la muerte a la rendición.

curando *curing*

sitio *siege*

duró *lasted*

maíz *corn*
alimento *food*

falta *lack*

abastecía de *supplied*

A pesar de *In spite of*

proponiéndole *proposing to him*
rendición *surrender*

Después de leer

Contesta en oraciones completas.

1. ¿Adónde fue Cortés después de su derrota en la capital?
2. ¿Contra quién peleó en el camino a Tlaxcala?
3. ¿Cómo fue recibido por sus antiguos aliados?
4. ¿Qué hizo Cortés allí?
5. ¿Qué agregó a su ejército?
6. ¿Qué construyó Cortés? ¿Para qué?
7. ¿Qué hizo al llegar a la capital azteca?
8. ¿Cuál era el alimento principal de los aztecas?
9. ¿Fue suficiente el maíz que había en la capital?
10. ¿Qué destruyó Cortés?
11. ¿Para qué envió Cortés mensajeros al emperador?
12. ¿Qué respondía siempre el emperador?

16 Cae la capital

CCCCCCCCCCCCCCCCCCCCCCCCCCCCCCCCCCCCCCCCCCCCCC

Después de un largo sitio, los españoles tomaron la capital y capturaron al emperador quien trataba de escapar con su familia en una canoa por el lago.

A consecuencia° del sitio, murieron más de 100.000 aztecas tanto a manos de los soldados españoles y sus aliados como de hambre y de sed. También murieron más de 100 soldados españoles y una gran cantidad de aliados.

A consecuencia As a result

Cuando comenzó el sitio, Tenochtitlán tenía una población de 300.000 habitantes. Era la ciudad más grande y más rica de todo el continente americano. Durante el sitio, Cortés destruyó la mayor parte de la ciudad y su población fue reducida a una pequeña parte de lo que había sido.

Después de capturar a Cuauhtémoc, Cortés trató de obligarle° a decir donde estaba el tesoro del emperador Moctezuma, parte del cual los españoles habían perdido en la famosa «Noche triste». Pero el emperador se negó° a decir donde estaba.

obligarle force him

se negó refused

Entonces Cortés mandó torturar a Cuauhtémoc y a otro rey vasallo°, quemándolos° en una parrilla°. Cuando el fuego empezó a quemarle los pies, el rey vasallo se quejó° de su sufrimiento° al emperador. Cuauhtémoc entonces le dijo:

rey vasallo vassal king

quemándolos burning them
parrilla grate

se quejó complained
sufrimiento suffering

—¿Cree usted que estoy en un lecho° de rosas?

lecho bed

El rey vasallo murió sin decir a los españoles donde estaba el tesoro y los españoles nunca lo encontraron. Luego Cortés mató al valiente emperador Cuauhtémoc.

Después de leer

Contesta en oraciones completas.

1. ¿Pudieron tomar la ciudad los españoles?
2. ¿A quién capturaron?
3. ¿Qué hacía el emperador cuando fue capturado?
4. ¿Cuántos murieron a consecuencia del sitio?
5. ¿Qué población tenía Tenochtitlán cuando comenzó el sitio?
6. ¿Qué destruyó Cortés durante el sitio?
7. ¿Qué pasó con la población?
8. ¿A quién trató de obligar a decir donde estaba el tesoro?
9. ¿Contó Cuauhtémoc donde estaba?
10. ¿Qué hizo entonces Cortés?
11. ¿Qué hizo el rey vasallo cuando el fuego empezó a quemarle?
12. ¿Qué contestó Cuauhtémoc?
13. ¿Contó entonces Cuauhtémoc o el rey vasallo donde estaba el tesoro?
14. ¿Pudieron los españoles encontrar el tesoro?

17 La época colonial

Con la caída° del imperio azteca, Cortés fue nombrado gobernador y capitán general de las nuevas tierras conquistadas por el emperador Carlos V de España. La nueva provincia española se llamó Nueva España.

caída *fall*

Terminada la conquista, el gobierno de Nueva España fue durante algunos años puramente militar bajo la dirección de Cortés.

Una de las primeras cosas que hizo Cortés fue reconstruir la capital que él había destruido durante la conquista. Construyó calles más anchas, casas más sólidas y otros edificios. Tristemente, él no pudo reponer° los jardines y las obras° de arte que los españoles habían destruido. Por muchos años, la capital no volvió a ser ni tan grande ni tan hermosa como en la época de los aztecas.

reponer *replace*
obras *works*

Cortés destruyó todos los templos de los aztecas y en el lugar donde estaba el templo mayor construyó una catedral cristiana. De España vino una gran cantidad de misioneros para evangelizar a los indígenas. Muchos de estos misioneros fundaron escuelas para los indios y los defendieron en contra del abuso de los españoles.

Uno de estos misioneros que vino de España para evangelizar a los indígenas fue el padre Bartolomé de las Casas. Las Casas fue uno de los primeros españoles en abogar° por el buen trato° a los indígenas, a quienes muchos de los europeos consideraban subhumanos. Escribió obras donde acusaba el maltrato que se daba a los indígenas y abogaba por un trato más humano.

abogar *to advocate*
trato *treatment*

Cuatro siglos después, durante la Segunda guerra mundial, dieron el nombre de las Casas a un campamento de soldados estadounidenses en Puerto Rico en honor a este misionero católico que tanto defendió los derechos° de los indios.

 derechos *rights*

▲ Bartolomé de las Casas

Contesta en oraciones completas.

1. ¿Quién fue nombrado gobernador y capitán general de Nueva España?
2. ¿Por quién fue nombrado?
3. ¿Cómo se llamó la nueva provincia española?
4. ¿Qué tipo de gobierno tuvo al principio la provincia?
5. ¿Qué fue una de las primeras cosas que hizo Cortés?
6. ¿Qué no pudo reponer?
7. ¿Volvió a ser la capital tan grande y tan hermosa como antes?
8. ¿Qué hizo Cortés con los templos de los aztecas?
9. ¿Qué construyó en el lugar donde estaba el templo principal?
10. ¿Quiénes vinieron de España a evangelizar a los indígenas?
11. ¿Quién fue el padre Bartolomé de las Casas?
12. ¿Qué abogaba las Casas?

18 Nueva España

La mayoría de la gente que venía a Nueva España era hombres que venían en busca de riquezas o aventuras. Muchos venían con intención de hacer fortuna y de volver a España ricos, pero no todos lo lograron. La vida en Nueva España era difícil y muchos morían sin alcanzar su meta°.

meta *goal*

Los indígenas derrotados sufrieron abusos por parte de muchos españoles. Su pueblo fue casi exterminado y su cultura y civilización destruidas. No se les consideraba seres° humanos y se les trataba° como animales. Muchos de los misioneros, sin embargo, defendieron a los indígenas.

seres *beings*
se les trataba *were treated*

En aquella época, los españoles dividían a los habitantes en varias clases sociales: los peninsulares, españoles nacidos° en España; los criollos, hijos de españoles pero nacidos en Nueva España; los mestizos, hijos de españoles e indias; y los indios de raza° pura. La clase más alta era la de los peninsulares. Se les llamaba así porque venían de Europa, de la península ibérica. La clase más baja era la de los indios.

nacidos *born*

raza *race*

Los altos cargos° estaban en manos de los peninsulares. Los criollos ocupaban cargos inferiores. Los mestizos y los indios no ocupaban cargos en el gobierno ni tenían derechos políticos.

cargos *positions*

Los conquistadores españoles trajeron a Nueva España la lengua, la religión, las costumbres, la cultura y la civilización de España. Fundaron varias universidades y produjeron° magníficas obras de arquitectura y escultura. Por ejemplo, la Universidad Nacional Autónoma de México fue fundada

produjeron *produced*

casi cien años antes que la primera universidad fundada en los Estados Unidos.

Los conquistadores llevaron a España el chocolate, el tomate, el cacao, el maíz, el cacahuate° y otras plantas y productos que no se conocían en Europa.

cacahuate *peanut*

▲ La Biblioteca Central, Universidad Nacional Autónoma de México

Después de leer

Contesta en oraciones completas.

1. ¿Qué tipo de gente venía a Nueva España?
2. ¿Con qué meta venían? ¿La alcanzaban todos?
3. ¿Qué pasó con los indígenas después de haber sido conquistados?
4. ¿Cómo se les trataba?
5. ¿Cuántas clases sociales había en aquella época? ¿Cuáles eran?
6. ¿Cuál era la clase más alta? ¿Y la más baja?
7. ¿Quiénes ocupaban los cargos más altos?
8. ¿Qué derechos políticos tenían los mestizos?
9. ¿Qué trajeron los españoles a Nueva España?
10. ¿Qué llevaron los españoles a España?

Repaso 4

Después de su derrota en la capital azteca, Cortés fue a Tlaxcala donde se preparó para conquistar la capital. Allí agregó a su ejército soldados españoles e indígenas. También construyó barcos. Cortés sitió la ciudad de Tenochtitlán por tierra y por agua. Se libraron grandes batallas donde ganaron algunas veces los aztecas y otras los españoles. Después de un sitio de setenta y cinco días, Cortés tomó la ciudad y capturó al emperador Cuauhtémoc.

Cuando comenzó el sitio, Tenochtitlán era la ciudad más grande y más rica de todo el continente americano. Durante el sitio, Cortés destruyó la mayor parte de la ciudad y redujo su población. Aunque fue torturado por Cortés, el emperador Cuauhtémoc se negó a decirle dónde estaba el tesoro de Moctezuma. Cortés luego mató a Cuauhtémoc.

Cortés reconstruyó la capital en parte, aunque por muchos años nunca volvió a ser ni tan grande ni tan hermosa como antes. Cortés destruyó todos los templos aztecas y de España vinieron misioneros católicos a evangelizar a los indígenas—entre ellos el padre Bartolomé de las Casas, defensor de los derechos de los indios.

En la época de la colonia, los españoles dividían a los habitantes en varias clases sociales: los peninsulares, los criollos, los mestizos y los indios. La clase más alta era la de los peninsulares y la más baja la de los indios.

Los españoles trajeron a Nueva España la cultura española y llevaron a España plantas y productos que no se conocían en Europa.

Después de leer

Contesta en oraciones completas.

1. ¿Adónde fue Cortés después de su derrota en Tenochtitlán?
2. ¿Qué hizo allí?
3. ¿Cortés sitió la capital azteca sólo por tierra?
4. ¿Cuánto duró el sitio?
5. ¿Cortés pudo capturar al emperador cuando tomó la ciudad?
6. ¿Cómo se llamaba el emperador azteca?
7. ¿Cómo era Tenochtitlán antes del sitio?
8. ¿Qué destruyó Cortés durante el sitio?
9. ¿Contó Cuauhtémoc dónde estaba el tesoro de Moctezuma?
10. ¿Reconstruyó Cortés toda la capital después de tomarla?
11. ¿Para qué venían los misioneros católicos?
12. ¿Quién fue Bartolomé de las Casas?
13. ¿En cuántas clases estaba dividida la población? ¿Cuáles eran?
14. ¿Cuál era la clase más alta y la más baja?
15. ¿Qué trajeron los españoles a Nueva España?
16. ¿Qué llevaron a España?

19 La guerra de independencia

🮐🮐

Los mexicanos estuvieron 300 años bajo el dominio de España. El pueblo mexicano deseaba tener un gobierno propio. Cuando las colonias de América del Norte se independizaron° de Inglaterra en 1776 y cuando los franceses acabaron con la monarquía y crearon una república en Francia en 1789, los mexicanos vieron que podían hacer lo mismo en Nueva España.

se independizaron *won their independence*

En 1808, España fue invadida y ocupada por el ejército francés al mando de Napoleón Bonaparte. El rey español fue depuesto° y Napoleón puso a su hermano José Bonaparte en su lugar. España estuvo bajo el dominio francés hasta 1814. Los colonos vieron entonces el momento oportuno para separarse de España.

depuesto *deposed*

En el año 1810, un sacerdote católico, Miguel Hidalgo, del pequeño pueblo de Dolores, proclamó la independencia de México. Con un pequeño ejército atacó a las tropas españolas en varias ciudades y ganó varias batallas. Muchos mexicanos se alistaron en el ejército de Hidalgo y el padre siguió° derrotando a los españoles y capturando ciudades.

siguió *continued*

Por fin, Hidalgo llegó a la ciudad de México con un ejército de 100.000 mexicanos. En la capital había solamente 3.000 soldados españoles pero por alguna razón él no atacó la capital y fue al norte. Allí muchos de los soldados mexicanos desertaron del ejército de Hidalgo. Luego él perdió varias batallas y fue finalmente capturado y muerto° por los españoles.

muerto *killed*

Después de la muerte de Hidalgo, otros patriotas mexicanos continuaron la guerra de independencia. Morelos fue uno de los más ilustres. Él peleó algún tiempo contra los españoles y convocó° el primer congreso que creó varias leyes° de reforma. Pero los españoles lo capturaron y lo ejecutaron.

convocó *called*

leyes *laws*

En septiembre de 1821, Iturbide y Guerrero, dos generales mexicanos, derrotaron a los españoles, tomaron la capital y ganaron la independencia. Con la independencia de Nueva España, España perdió una de sus más ricas colonias en América.

Después de leer

Contesta en oraciones completas.

1. ¿Cuántos años estuvieron los mexicanos bajo el dominio español?
2. ¿Qué deseaban los colonos mexicanos?
3. ¿Qué vieron en la independencia de las colonias inglesas y en la revolución francesa?
4. ¿Qué pasó en España en 1808?
5. ¿Cuánto tiempo duró la ocupación de España?
6. ¿Qué hizo Hidalgo en 1810?
7. ¿Quién fue él?
8. ¿Qué hizo Hidalgo cuando llegó a la capital con su ejército?
9. ¿Qué pasó cuando Hidalgo fue al norte?
10. ¿Quién fue Morelos? ¿Qué hizo él?
11. ¿Qué hizo el congreso convocado por Morelos?
12. ¿Cuándo cayó la capital y se ganó la independencia?

20 La intervención francesa

Durante la guerra civil de los Estados Unidos, el emperador francés Napoleón III envió un ejército francés a conquistar México. Napoleón III sabía que los Estados Unidos no podía enviar tropas para defender a México en ese momento. Napoleón III pretendía establecer una colonia francesa en el Nuevo Mundo.

Su primer intento° fue en el año 1862. Los franceses llegaron a Veracruz y empezaron la marcha a Puebla con más de 6.000 tropas. No esperaban ninguna oposición por parte de los mexicanos. Pero el presidente Benito Juárez mandó al general Ignacio Zaragoza a defender la ciudad. Por la mañana del cinco de mayo los mexicanos opusieron el ataque de los franceses. El general Porfirio Díaz logró derrotar a los franceses y se retiraron. Hoy el cinco de mayo es una celebración nacional para honrar esta derrota.

Pero Francia seguiría con sus planes. En 1864 Napoleón III proclamó a Maximiliano de Habsburgo emperador de México. Maximiliano llegó a la capital de México con su esposa, la archiduquesa Carlota. Los dos fueron muy bien recibidos por algunos de los mexicanos. Mientras tanto, el presidente Juárez había escapado al norte con su gabinete°.

Aunque el partido conservador y la iglesia apoyaban al emperador Maximiliano, los mestizos y los indios que integraban° la mayoría de la población no querían un gobierno francés.

intento *attempt*

gabinete *cabinet*

integraban *made up*

Al terminar la guerra civil en los Estados Unidos, el presidente Lincoln envió al general Grant con un ejército a la frontera con México y exigió° a Napoleón III que sacara sus tropas del país.

exigió *demanded*

La emperatriz Carlota fue a París a pedirle a Napoleón que dejara las tropas francesas en México. Sin embargo, Napoleón III no quería entrar en guerra con los Estados Unidos y retiró las tropas francesas de México. Carlota quedó desesperada.

Después de la retirada de los soldados franceses, el presidente Juárez fue al sur para atacar a Maximiliano. El emperador salió a la cabeza de un ejército mexicano para combatir a Juárez. Después de un sitio de más de setenta días en Querétaro, Maximiliano ofreció su rendición. Juárez lo arrestó y las cortes decidieron su destino. En junio de 1867, el emperador Maximiliano fue ejecutado junto con dos de sus generales.

A la muerte de Maximiliano, los liberales bajo el liderazgo° de Juárez unificaron el país. La pobre Carlota regresó a Europa.

liderazgo *leadership*

Después de leer

Contesta en oraciones completas.

1. ¿Qué envió Napoleón III a México durante la guerra civil de los Estados Unidos?
2. ¿Creía Napoleón que los Estados Unidos enviarían tropas a México? ¿Por qué?
3. ¿Qué pretendía Napoleón III?
4. ¿Cuándo fue el primer intento?
5. ¿Qué importancia tiene el cinco de mayo?
6. ¿A quién proclamó Napoleón III emperador de México en 1864?
7. ¿Con quién vino Maximiliano a México?

8. ¿Cómo los recibieron algunos de los mexicanos?
9. ¿Quién era presidente de México en esa época?
10. ¿Qué hizo él cuando llegó Maximiliano?
11. ¿Quiénes apoyaban a Maximiliano? ¿Quiénes no?
12. ¿Qué hizo el presidente Lincoln al terminar la guerra civil estadounidense?
13. ¿Qué exigió a Napoleón III?
14. ¿Qué hizo Napoleón III?
15. ¿Qué hizo Juárez después de la retirada de los soldados franceses?
16. ¿Qué hizo el emperador Maximiliano cuando se enteró del ataque?
17. ¿En qué ciudad fue sitiado?
18. ¿Quién ofreció su rendición?
19. ¿Cuál fue la decisión de la corte?
20. ¿Qué hicieron los liberales después de la derrota de Maximiliano?

▲ Benito Juárez

21 Después de la revolución

ꮳꮳꮳ

Con la muerte de Benito Juárez en 1872, el pueblo mexicano perdió otra oportunidad para lograr una paz y libertad completas. Esta oportunidad no volvió sino hasta medio siglo más tarde.

En 1876 el general Porfirio Díaz, el héroe del cinco de mayo, depuso al nuevo gobierno del presidente Sebastián Lerdo, quien se exilió en los Estados Unidos. Díaz estableció una dictadura° y no respetó la constitución. Durante aquellos años era muy común matar o arrestar a los enemigos del gobierno.

dictadura *dictatorship*

Esta situación duró hasta 1910, año en que Francisco Madero, un liberal rico, decidió por fin acabar con el gobierno de Díaz por medio de la violencia y las armas. El pueblo mexicano se organizó como pudo y atacó y derrotó al ejército federal. También atacó varios pueblos y haciendas. En 1911, Díaz se fue de México.

La presidencia de Madero fue corta y sin las grandes reformas que muchos habían deseado y por las que muchos habían dado la vida. En 1913, otro general, Victoriano Huerta, tomó el poder y ordenó matar a Madero.

Otra vez el país quedaba dividido. Una parte de los mexicanos apoyaba la dictadura de Huerta y la otra apoyaba a su opositor° Venustiano Carranza. El presidente Wilson de los Estados Unidos también estaba del lado de Carranza.

opositor *opponent*

Como el gobierno mexicano había arrestado a unos marineros estadounidenses en 1914, Estados Unidos ocupó Veracruz para cortar el envío de armas del puerto al gobierno mexicano de Huerta. Poco tiempo después, Carranza capturó la ciudad de México y tomó el poder. Como no estaban satisfechos° con el gobierno de Carranza y deseaban reformas más importantes que beneficiaran a los pobres, Pancho Villa y Emiliano Zapata lucharon contra Carranza.

satisfechos *satisfied*

▲ Rebelión contra el gobierno de Porfirio Díaz

Carranza convocó una convención para elaborar otra constitución, la de 1917. Esta constitución dio al gobierno un mayor control sobre la educación, la iglesia, la agricultura y varias industrias. También admitió los sindicatos°. Sin embargo, a pesar de las reformas de la constitución, el nuevo presidente hizo poco por el país. En 1920, hubo otra rebelión. Carranza fue asesinado y el general Álvaro Obregón subió a la presidencia.

sindicatos *unions*

Después de leer

Contesta en oraciones completas.

1. ¿Qué perdió el pueblo mexicano con la muerte de Benito Juárez?
2. ¿Cómo fue el gobierno de Porfirio Díaz?
3. ¿Qué hizo Francisco Madero?
4. ¿Qué pasó con Díaz?
5. ¿Qué ocurrió en 1913?
6. ¿Cómo estaba el país en ese tiempo?
7. ¿Qué pasó en 1914 cuando México arrestó a marineros estadounidenses?
8. ¿Por qué Pancho Villa y Emiliano Zapata lucharon contra Carranza?
9. ¿Qué se elaboró en 1917? ¿Qué reformas hubo?
10. ¿Fueron suficientes estas reformas? ¿Qué ocurrió?

Obregón y su sucesor, Plutarco Elías Calles, continuaron las reformas sociales y económicas de la revolución. Calles formó el primer partido político de México: el Partido Revolucionario Institucional o el PRI. Durante más de setenta años, este partido monopolizó la política mexicana, ganando todas las elecciones. Bajo el presidente Lázaro Cárdenas se realizaron aun más reformas agrícolas y se impuso un control sobre algunas compañías petroleras extranjeras. Después de 1940 la economía de México creció aceleradamente.

Terminada la Segunda guerra mundial, la industria mexicana sufrió grandes mejoras°. Se empezaron a producir aparatos° eléctricos, automóviles, productos químicos y acero°. También se mejoraron las carreteras°, los ferrocarriles°, el transporte aéreo y los sistemas de irrigación. El país comenzó a exportar más productos industriales y agrícolas, y el turismo se extendió.

mejoras *improvements, progress*
aparatos *devices, appliances*
acero *steel*
carreteras *roadways*
ferrocarriles *railways*

Sin embargo, bajo la presidencia de Díaz Ordaz, el descontento con el gobierno creció y se produjeron manifestaciones°. Durante los Juegos Olímpicos de México de 1968, numerosos manifestantes—en su mayor parte estudiantes—fueron masacrados por tropas armadas del gobierno.

manifestaciones *protests*

Con el petróleo México experimentó un auge° económico a finales de los años setenta. Pero en la década de los ochenta, bajo el mandato de Miguel de la Madrid, sufrió una de sus peores recesiones. En 1985 se produjo un fuerte terremoto° en la Ciudad de México que mató a miles de personas y destruyó cientos de edificios.

auge *boom*

terremoto *earthquake*

Bajo la presidencia de Carlos Salinas se renegoció la deuda° nacional y se inició un programa de privatización. En 1994 se firmó el acuerdo de libre comercio TLCAN° entre México, Estados Unidos y Canadá. Pero meses después el país experimentó una grave recesión, produciendo un mayor éxodo a los Estados Unidos. En 1990 Ernesto Zedillo intentó establecer un fondo bancario de contingencia.

deuda *debt*

TLCAN *NAFTA*

En 2000 ganó la presidencia Vicente Fox del Partido de Acción Nacional o el PAN, terminando el dominio del PRI. Durante el mandato de Fox se ensayó una nueva doctrina de política exterior e internacional que tuvo resultados variables. Seis años más tarde, tras una polémica° elección, Felipe Calderón Hinojosa, igualmente del PAN, fue elegido presidente. Calderón inició una estrategia

polémico(a) *controversial*

▲ Vicente Fox

de seguridad para combatir el narcotráfico, pidiendo asistencia y lealtad° a los militares y subiendo su sueldo°.

lealtad *loyalty*

subiendo su sueldo
increasing their salary

En 2012 llegó a la presidencia Enrique Peña Nieto tras unas elecciones que devolvieron° el poder al PRI derrotando° al PAN. Peña Nieto propuso una serie de reformas estructurales para mejorar la situación económica y la competitividad internacional. En 2014 la desaparición de cuarenta y tres estudiantes normalistas° del Estado de Guerrero provocó una crisis política en el país.

devolvieron *returned*

derrotando *defeating*

estudiantes normalistas
teacher-training students

En 2018 ganó la presidencia Andrés Manuel López Obrador, líder de la coalición "Juntos Haremos Historia" (formada por el partido MORENA, el Partido del Trabajo y el Partido Encuentro Social). López Obrador, originalmente un luchador social, fue el primer presidente de la izquierda mexicano en llegar al poder. El 19 de marzo de 2020 la Secretaría de Salud de México anuncío la primera muerte de un paciente infectado con el virus COVID-19, en la pandemia mundial. Tristemente, muchas otras muertes han seguido, con pérdidas masivas de empleo.

▲ **Andrés Manuel López Obrador y Enrique Peña Nieto**

Después de leer

Contesta en oraciones completas.

1. ¿Qué formó el presidente Calles?
2. ¿Cuántos años monopolizó el PRI la política mexicana?
3. ¿Qué hizo Lázaro Cárdenas durante su presidencia?
4. ¿Qué pasó con la economía mexicana en la década de los cuarenta?
5. ¿Qué productos se fabricaban en México después de la Segunda guerra mundial?
6. ¿Qué ocurrió durante los Juegos Olímpicos de 1968 en México?
7. ¿Cómo estaba la economía a finales de la década de los setenta?
8. ¿Qué sufrió la economía en la década de los ochenta?
9. ¿Qué ocurrió en 1985 en la Ciudad de México?
10. ¿Qué consecuencias tuvo el terremoto?
11. ¿Qué cambios económicos intentó el presidente Carlos Salinas?
12. ¿Qué es el TLCAN y cuándo se firmó?
13. ¿Qué pasó meses después? ¿Cuál fue una consecuencia de ese impacto negativo?
14. ¿Quién ganó la presidencia en 2000? ¿De qué partido era?
15. ¿Por qué es conocido Vicente Fox?
16. ¿Contra qué quería luchar el presidente Felipe Calderón?
17. ¿Por qué fueron significativas las elecciones de 2012?
18. ¿Qué provocó una crisis política a finales de 2014?
19. ¿Quién ganó la presidencia en 2018?

Repaso 5

Los mexicanos estuvieron 300 años bajo el dominio de España. El pueblo mexicano deseaba tener un gobierno propio. Cuando España fue invadida y ocupada por los franceses, los colonos vieron el momento oportuno para separarse de España. Miguel Hidalgo empezó el movimiento de independencia en 1810 en el pequeño pueblo de Dolores. Otros patriotas mexicanos continuaron la guerra. Morelos peleó contra los españoles y creó leyes de reforma. En 1821 los generales Iturbide y Guerrero derrotaron a los españoles y lograron la independencia.

Durante la guerra civil de los Estados Unidos, el emperador francés, Napoleón III, envió un ejército francés a conquistar México. En su primer intento, los franceses fueron derrotados por los mexicanos en Puebla el cinco de mayo de 1862. En el segundo intento, Napoleón proclamó a Maximiliano emperador de México. Algunos apoyaban al emperador, pero muchos no querían un gobierno francés. El presidente Lincoln envió un ejército a la frontera con México y exigió a Napoleón que sacara sus tropas. Napoleón no quería entrar en guerra contra los Estados Unidos y retiró sus tropas. Maximiliano salió a la cabeza de un ejército para combatir al presidente Juárez. Juárez lo arrestó, y en 1867 Maximiliano fue fusilado.

En 1876 Porfirio Díaz estableció una dictadura que no respetaba la constitución. Después de treinta y cinco años, Francisco Madero organizó al pueblo mexicano y derrotó al ejército federal de Díaz. Después de Madero, otro general, Victoriano Huerta, tomó el poder. Su opositor, Venustiano Carranza, tenía el apoyo de los Estados Unidos y en 1914 tomó el poder. Pancho Villa y Emiliano Zapata deseaban reformas que beneficiaran a los pobres y lucharon contra Carranza. Carranza elaboró otra constitución en 1917 y dio al gobierno mayor control sobre la educación, la iglesia, la agricultura y varias industrias.

En 1920 hubo otra rebelión y Álvaro Obregón subió
a la presidencia. Obregón y Plutarco Calles continuaron
las reformas sociales y económicas. Calles formó el primer
partido político de México, el Partido Revolucionario
Institucional (PRI). El presidente Lázaro Cárdenas llevó
a cabo aun más reformas agrícolas e impuso el control
sobre las compañías petroleras extranjeras. Después de
1940 la economía de México creció aceleradamente.
México experimentó un auge económico a finales de la
década de los setenta, pero en la década de los ochenta
sufrió una de sus peores recesiones.

A principios de los noventa se renegoció la deuda nacional
y se inició un programa de privatización. En 1994 se firmó
el acuerdo de libre comercio TLCAN entre México, Estados
Unidos y Canadá. En julio de 2000 ganó la presidencia del
país Vicente Fox del Partido de Acción Nacional (PAN),
terminando así setenta y un años de dominio del PRI. Fox
intentó una doctrina de política internacional; su sucesor
Calderón centró sus esfuerzos en la lucha contra el
narcotráfico. En 2012 la elección de Peña Nieto devolvió el
poder al PRI. A pesar de ciertas graves crisis políticas, Peña
Nieto propuso reformas para mejorar la situación económica
y la competitividad. En 2018, Andrés Manuel López
Obrador, el primer presidente de la izquierda, fue eligado.

Después de leer

A Contesta en oraciones completas.

1. ¿Por cuántos años estuvieron bajo el dominio de
   España los mexicanos?
2. ¿Cuál fue el momento oportuno para separarse de
   España?
3. ¿En qué año ganó la independencia México?
4. ¿Qué pasó el cinco de mayo de 1862?

Repaso 5

5. ¿Cuál fue el segundo intento de Napoleón III?
6. ¿Por qué sacó sus tropas Napoleón III?
7. ¿Qué estableció Porfirio Díaz?
8. ¿Qué elaboró Carranza?
9. ¿Quiénes lucharon contra Carranza?
10. ¿Cómo se llama el primer partido político de México?
11. ¿Cuándo creció aceleradamente la economía de México?
12. ¿Cuándo sufrió uno de sus peores recesiones México?
13. ¿Qué es el TLCAN?
14. ¿Qué pasó en julio de 2000?
15. ¿Qué objetivos tenía Vicente Fox? ¿Y Felipe Calderón?
16. ¿Seguía en el poder el PAN después de 2012? Explique.
17. ¿Qué pasó en marzo de 2020?

B Actividades adicionales

1. Escoge una persona importante de la historia de México. Haz investigaciones en la biblioteca y escribe una composición sobre la vida, la carrera y la influencia de esta persona en la historia del país.

2. Escoge un período de tiempo en la historia de México. Escribe una composición comparando los sucesos en México en aquella época y los sucesos en los Estados Unidos en aquella época. Haz investigaciones en la biblioteca.

3. Escoge una civilización antigua (olmeca, maya, azteca) mencionada en las lecturas. Haz investigaciones en la biblioteca y escribe una composición sobre su cultura, su vida, sus creencias y sus invenciones.

Tercera parte

Lazarillo de Tormes

(Adaptación)

Introducción

CCCCCCCCCCCC Introducción ЗCCCCCCCCCCCC

En el siglo XVI España fue la nación más poderosa del mundo. Durante el reino° de Carlos V, uno de los emperadores más poderosos de la historia, España fue un centro importante de navegación. Casi todo el continente americano era colonia española. También tenía colonias en África, en Asia y en partes de Europa.

reino *reign*

Sin embargo, a pesar de su poder, en España había mucha miseria y gran parte de la población vivía en la pobreza°. Esto inspiró al autor, quien es desconocido, a escribir su obra, *Lazarillo de Tormes.*

pobreza *poverty*

Es una novela de estilo picaresco°. El protagonista, Lazarillo, es un pícaro° que busca sobrevivir° en el mundo. Hoy en día, es uno de los personajes° más queridos de la literatura española.

picaresco *picaresque*
pícaro *rogue, rascal*
sobrevivir *survive*
personajes *characters*

Después de leer

Contesta en oraciones completas.

1. ¿Quién era Carlos V?
2. ¿Cómo era España en el siglo XVI?
3. ¿Dónde tenía colonias España?
4. A pesar de su poder, ¿cómo vivía la gente?
5. ¿Qué tipo de novela es *Lazarillo de Tormes?*
6. ¿Quién es el protagonista? ¿Cómo es?

La familia de Lazarillo

Esta es la historia de la vida y aventuras de Lazarillo de Tormes.

Los padres de Lazarillo se llamaban Tomé González y Antoña Pérez. El padre de Lazarillo era molinero°. Como Lazarillo nació cerca del río Tormes, sus padres lo llamaron Lazarillo de Tormes.

Cuando Lazarillo tenía ocho años de edad su padre robó de los sacos° del molino. Confesó el crimen y fue a la prisión. Después del juicio°, fue desterrado°. En el destierro, cuidó° las mulas de un caballero. Poco tiempo después, murió en una batalla contra los moros°.

La madre, ya viuda°, tuvo que ganarse la vida° para sí misma y para su hijo. Se fue a Salamanca y alquiló° una casita cerca de la universidad. Allí preparaba la comida para algunos estudiantes. También lavaba la ropa de algunos mozos de caballeriza°.

Zayde, el nuevo miembro de la familia

En las caballerizas la madre de Lazarillo conoció a Zayde, un mozo negro. Él la visitaba a menudo°. Lazarillo le tenía miedo al principio. Pero cuando vio que Zayde siempre traía pan y carne y leña° en el invierno, lo empezó a querer. Zayde llegó a ser miembro de la familia y al poco tiempo Lazarillo tuvo un hermanito.

molinero *miller*

sacos *sacks*

juicio *judgment*
desterrado *exiled*
cuidó *cared for*

moros *Moors*

viuda *widow*

ganarse la vida *earn a living*
alquiló *rented*

mozos de caballeriza *stablemen*

a menudo *often*

leña *firewood*

A Contesta en oraciones completas.

1. ¿Cómo se llamaban los padres de Lazarillo?
2. ¿Por qué llamaron al muchacho Lazarillo de Tormes?
3. ¿Adónde llevaron al padre de Lazarillo? ¿Por qué?
4. ¿Cómo murió el padre?
5. ¿Adónde fue la madre cuando quedó viuda?
6. ¿Qué hizo allí?
7. ¿A quién conoció en las caballerizas?
8. ¿Qué traía Zayde a la casa?
9. ¿Le tenía miedo Lazarillo al principio?
10. ¿Llegó Zayde a ser miembro de la familia?

B Indica si la oración es verdadera o falsa. Corrige las falsas.

1. El padre de Lazarillo era un hombre rico.
2. Lazarillo nació cerca del río Tormes.
3. Tomé González murió en una batalla contra los ingleses.
4. En Salamanca la madre cuidaba caballerizas.
5. Zayde siempre llevaba pan y carne a la casa.
6. Lazarillo tuvo una hermanita.

Zayde y la madre castigados

Después de un tiempo se descubrió que lo
que Zayde traía a la casa había sido robado de
la caballeriza. Como la madre sabía de donde
venía lo que traía Zayde, los dos fueron
castigados° y tuvieron que separarse.

castigados *punished*

La madre entonces fue a trabajar a un
mesón° para ganarse la vida. Lazarillo
también trabajó en el mesón.

mesón *inn*

En ese tiempo llegó al mesón un ciego,
quien pidió a la madre que le diera a Lazarillo
para que le sirviera de guía°. El ciego
prometió cuidarlo como a un hijo. La madre
aceptó con tristeza y al despedirse de° su hijo
le dijo:

guía *guide*

al despedirse de *upon saying goodbye to*

—Trata de ser bueno y que Dios te guíe.

La primera lección de Lazarillo

El viejo ciego era un hombre muy listo° y
avaro°. Cuando él y Lazarillo salieron de
Salamanca, encontraron una estatua de piedra
de un animal que tenía casi forma de toro.
Entonces el ciego le dijo a Lazarillo:

listo *clever*

avaro *stingy*

—Lazarillo, acércate° a la estatua y escucha
un gran ruido adentro.

acércate *get close*

Lazarillo se acercó a la estatua y escuchó.
No oyó nada. Entonces el ciego le golpeó° la
cabeza contra la estatua y le dijo:

golpeó *hit*

—Necio,° aprende. El mozo del ciego tiene
que saber más que el diablo —y se rió mucho.

Necio *Stupid*

Al pobre Lazarillo le dolió° la cabeza por
más de tres días, pero entendió que tenía que
ser más listo si quería sobrevivir.

dolió *hurt*

A Contesta en oraciones completas.

1. ¿Qué pasó con Zayde y la madre de Lazarillo? ¿Por qué?
2. ¿Qué hizo la madre de Lazarillo para ganarse la vida?
3. ¿Trabajó también Lazarillo? ¿Dónde?
4. ¿Qué trabajo le ofreció el ciego a Lazarillo?
5. ¿Aceptó la madre la propuesta del ciego?
6. ¿Qué encontraron el ciego y Lazarillo al salir de la ciudad?
7. ¿Qué le dijo el ciego a Lazarillo cuando encontraron la estatua?
8. ¿Qué pasó después?
9. ¿Qué le dijo el ciego a Lazarillo?
10. ¿Qué aprendió Lazarillo de esto?

B Indica si la oración es verdadera o falsa. Corrige las falsas.

1. Lazarillo robó de la caballeriza.
2. Zayde y la mamá de Lazarillo fueron castigados.
3. Lazarillo fue a trabajar como guía para un hombre ciego.
4. Encontraron un toro al salir de Salamanca.
5. El ciego se acercó a la estatua y escuchó.

El ciego avaro

El ciego era un viejo muy astuto y sabía muchas maneras de sacarle dinero a la gente. El viejo se ganaba la vida rezando° por otras personas. Rezaba de manera tan humilde y tan devota que recibía mucho dinero por sus oraciones°.

rezando *praying*

oraciones *prayers*

El ciego también conocía remedios para toda clase de enfermedades. Primero él rezaba y luego decía a la gente que debía tomar cierta hierba° o cierta raíz°. Por este servicio el ciego también ganaba mucho dinero.

hierba *herb*
raíz *root*

Sin embargo, a pesar de todo el dinero que ganaba, el viejo era un hombre muy avaro. Nunca le dio de comer a Lazarillo más que un pedacito° de pan. Tenía la costumbre de poner en un saco con candado° toda la comida que la gente le daba durante el día.

pedacito *little piece*

candado *padlock*

Los engaños de Lazarillo

Como su amo° le daba tan poco de comer, Lazarillo tenía que robar la comida que el ciego guardaba en el saco. Cada día el muchacho se hizo más listo. Para robarle vino al ciego, Lazarillo le hizo un agujero° a la jarra° donde el viejo tenía el vino. Después de beberse el vino con una paja°, Lazarillo tapaba° el agujero con cera°.

amo *master*

agujero *hole*
jarra *earthen jar*
paja *straw*
tapaba *covered*
cera *wax*

Así por mucho tiempo Lazarillo tomaba el vino y engañaba° al ciego. Pero un día el ciego lo descubrió. Entonces, el viejo agarró° la jarra y la tiró con fuerza a la cara de Lazarillo, quien perdió el sentido° y estuvo varios días enfermo. Los pedazos de la jarra le cortaron

engañaba *deceived*

agarró *picked up*

sentido *consciousness*

toda la cara y le rompieron° los dientes. Pero
el viejo se rió mucho de Lazarillo.

rompieron *broke*

Como lo pegaba° a menudo y sin razón,
Lazarillo no pudo perdonar a su cruel amo.

pegaba *hit*

Después de leer

A Contesta en oraciones completas.

1. ¿Qué hacía el ciego para ganarse la vida?
2. ¿Ganaba mucho o poco dinero con estos servicios?
3. ¿Cómo era el ciego con Lazarillo?
4. ¿Qué hacía el ciego con la comida que le daba la gente?
5. ¿Le daba el ciego mucha comida a Lazarillo?
6. ¿Qué tenía que hacer Lazarillo para comer?
7. ¿Cómo hacía Lazarillo para beber el vino del ciego?
8. ¿Descubrió el engaño el viejo?
9. ¿Qué hizo el ciego?
10. ¿Cómo quedó Lazarillo?

B Indica si la oración es verdadera o falsa. Corrige las falsas.

1. El ciego era muy generoso con su dinero.
2. Le daba de comer a Lazarillo mucha comida.
3. El ciego conocía remedios para las enfermedades.
4. Lazarillo robó el vino del ciego.
5. El ciego no descubrió el engaño.

El cuento de las uvas

Para ganarse la vida el ciego y Lazarillo
iban de pueblo en pueblo. El ciego
recomendaba remedios a las personas y rezaba
por ellas a cambio de° comida o dinero.

a cambio de *in exchange for*

Un día los dos llegaron al pueblo de
Almorox en la época de cosecha° de uvas. Un
hombre le dio al ciego un racimo° de uvas.
Pero como estaban muy maduras°, el ciego no
pudo guardarlas en el saco. Entonces le dijo al
muchacho:

cosecha *harvest*

racimo *branch*

maduras *ripe*

—Lazarillo, ahora quiero ser generoso
contigo. Tú tomas una uva y yo tomo otra.

Empezaron a comer, pero enseguida el ciego
empezó a tomar las uvas de dos en dos. Al ver
esto, Lazarillo también hizo lo mismo y hasta
las tomó de tres en tres.

Al terminar de comer, el ciego le dijo:

—Lazarillo, me has engañado. Tú has
comido las uvas de tres en tres.

—¿Pero por qué sospecha° eso? —le
preguntó Lazarillo.

sospecha *suspect*

—¿Sabes cómo lo sé? Porque yo comí las
uvas de dos en dos y tú no me dijiste nada.

Lazarillo se dio cuenta entonces de la gran
astucia de su amo.

Lazarillo decide dejar al ciego

Viendo el maltrato y la crueldad del viejo,
Lazarillo decidió dejarlo. Así, una tarde de
lluvia, estando bajo unos portales y viendo que
la noche se acercaba y la lluvia no cesaba, el
ciego decidió ir a un mesón. Lazarillo dijo al
ciego que, para ir allá, tenían que cruzar un
arroyo°. Entonces puso al ciego bien enfrente

arroyo *stream*

de un pilar de piedra que en la plaza había y le dijo que esa era la parte más angosta° del arroyo. Entonces Lazarillo le dijo que saltara°.

más angosta *narrowest*

le dijo que saltara *told him to jump*

El ciego saltó con fuerza y dio con la cabeza en el pilar y cayó luego medio muerto. Lazarillo lo dejó con la gente que fue a ayudarlo y corrió de allí lo más rápido que pudo.

A la noche, llegó al pueblo de Torrijos. Nunca más supo nada del ciego y nunca trató de saberlo.

Después de leer

A **Contesta en oraciones completas.**

1. ¿Qué hacía el ciego a cambio de comida o dinero?
2. ¿En qué época llegaron el ciego y Lazarillo a Almorox?
3. ¿Por qué no guardó el ciego las uvas?
4. ¿Qué le dijo el ciego a Lazarillo?
5. ¿Cómo comió el ciego las uvas? ¿Qué hizo Lazarillo?
6. ¿Por qué decidió Lazarillo dejar a su amo?
7. ¿Qué dijo Lazarillo que tenían que hacer para llegar al mesón?
8. ¿En qué lugar puso Lazarillo al ciego y qué le dijo?
9. ¿Qué hizo el viejo y qué ocurrió con él?
10. ¿Qué hizo Lazarillo después y adónde llegó?

B **Indica si la oración es verdadera o falsa. Corrige las falsas.**

1. Lazarillo y el ciego llegaron a Almorox en la época de cosecha del maíz.
2. El ciego comió las uvas de una en una.
3. Lazarillo puso al ciego al lado de un pilar de piedra.
4. El ciego se golpeó la cabeza en el pilar y murió.
5. Lazarillo dejó al ciego solo.

Lazarillo encuentra a otro amo

Lazarillo ya estaba libre del ciego cruel y
avaro. En Torrijos no encontró trabajo y al día
siguiente fue a Maqueda. Allí fue de puerta en
puerta pidiendo limosna°. Apenas recibió
suficiente comida para vivir.

pidiendo limosna *begging*

Un día Lazarillo llamó a la puerta de la
casa de un clérigo° para pedir limosna.
Cuando el clérigo contestó la puerta, le
preguntó a Lazarillo si sabía ayudar en misa°.
Lazarillo, que lo había aprendido del ciego,
dijo que sí. Ese día Lazarillo pasó a servir al
clérigo, su segundo amo. Y como diría
Lazarillo más tarde, «había escapado del
trueno para entrar en el relámpago°». Pues el
clérigo resultó ser aun más avaro que el ciego.
El ciego era generoso en comparación.

clérigo *clergyman, priest*

misa *mass*

relámpago *lightning*

El clérigo daba al muchacho de comer una
cebolla° cada cuatro días. Mientras el
sacerdote comía carne todos los días, a
Lazarillo sólo le daba un poco de sopa. A las
tres semanas el muchacho estaba tan débil
que quiso dejar al clérigo, pero no lo hizo
porque pensó:

cebolla *onion*

—He tenido dos amos. Y si uno era malo, el
otro es peor. Si ahora busco a un tercero,
probablemente me matará de hambre.

A **Contesta en oraciones completas.**

1. ¿Adónde fue Lazarillo al día siguiente?
2. ¿Cómo llegó a la casa del clérigo?
3. ¿Qué preguntó el clérigo a Lazarillo?
4. ¿Sabía Lazarillo ayudar en misa? ¿Cómo lo había aprendido?
5. ¿Cómo era el clérigo?
6. ¿Era mejor que el ciego?
7. ¿Qué le daba de comer a Lazarillo?
8. ¿Cómo estaba Lazarillo a las tres semanas?
9. ¿Qué pensó Lazarillo?
10. ¿Por qué no dejó al clérigo?

B **Indica si la oración es verdadera o falsa. Corrige las falsas.**

1. Lazarillo fue de puerta en puerta en Torrijos.
2. Recibió mucho dinero pidiendo limosna.
3. El clérigo le dio cuatro cebollas cada día.
4. El ciego era más avaro que el clérigo.
5. A las tres semanas Lazarillo estaba muy débil.

El arca del clérigo

El pobre Lazarillo estaba muy flaco con lo poco que comía. Tenía mucha hambre y sabía que el clérigo tenía un arca° vieja llena de panes. Pero el arca estaba siempre cerrada con llave°.

Un día cuando el clérigo no estaba en casa, llegó un vendedor de llaves. Lazarillo dijo al hombre que había perdido la llave del arca y que su amo lo iba a azotar°. El hombre le dio una llave y Lazarillo le pagó con uno de los panes que estaba adentro.

Lazarillo no comió nada ese día a pesar del hambre que tenía. Pero a la mañana siguiente cuando el clérigo se había ido, el muchacho abrió el arca y comió uno de los panes. Así estuvo feliz algunos días porque tenía comida. Pero más tarde el clérigo contó los panes y notó que faltaban° varios. Así empezó a sospechar que había un ladrón° en la casa.

arca *chest, box*

cerrada con llave *locked*

azotar *whip*

faltaban *were missing*

ladrón *thief*

¡Los ratones han comido el pan!

Por varios días Lazarillo no se atrevió a tocar los panes. Pero luego tuvo una idea muy ingeniosa:

—El arca es grande y vieja y tiene algunos agujeros —pensó—. No es raro que entren ratones y coman los panes.

Entonces, con mucho cuidado, Lazarillo desmigajó° varios panes como si hubieran sido comidos por ratones y se comió esos pedazos.

desmigajó *crumbled*

Aquella noche el clérigo abrió el arca y encontró los panes desmigajados. Inspeccionó el arca y dijo:

—¡Lazarillo! ¡Mira lo que ha pasado con nuestro pan!

El muchacho se mostró sorprendido y preguntó:

—¿Qué pasó?

—Pues, ¡ratones! —dijo el clérigo—. ¡Los ratones han comido el pan!

Después de leer

Contesta en oraciones completas.

1. ¿Comía bien Lazarillo? ¿Cómo estaba?
2. ¿Qué guardaba el clérigo en el arca?
3. ¿Estaba abierta el arca?
4. ¿Quién vino a la casa un día cuando el clérigo no estaba?
5. ¿Qué compró Lazarillo del hombre? ¿Cómo le pagó?
6. ¿Comió Lazarillo unos panes ese día?
7. ¿Notó el clérigo que faltaban panes ese día? ¿Cuándo lo notó?
8. ¿Qué creyó el clérigo?
9. ¿Qué idea tuvo Lazarillo?
10. ¿Qué creyó el clérigo esta vez?

El clérigo y la serpiente

Al ver que los ratones habían comido los panes, el clérigo buscó unas tablillas° y clavos° y tapó los agujeros. Cuando el clérigo salió de la casa, Lazarillo fue a inspeccionar el arca. Se puso muy triste cuando no encontró ni un solo agujero abierto. Por varios días Lazarillo estuvo pensando en una manera de tomar más pan del arca.

tablillas *boards*
clavos *nails*

Una noche mientras dormía y roncaba° el clérigo, Lazarillo fue a la cocina y tomó un cuchillo°. Entonces fue al arca e hizo un agujero en ella y después la abrió con su llave. Tomó un pedazo de pan y volvió a su cama de paja.

roncaba *snored*

cuchillo *knife*

Al día siguiente el clérigo vio el pan desmigajado y el nuevo agujero. Enseguida lo tapó con otra tablilla. Por varios días Lazarillo volvió a hacer más agujeros y el clérigo volvió a taparlos.

Por fin, el clérigo pidió una ratonera° del vecino. La armó con queso y la puso cerca del arca. Esa noche Lazarillo contento se comió el pan y el queso.

ratonera *mousetrap*

El clérigo no sabía qué hacer. Un vecino le dijo que antes había una serpiente en la casa y que seguramente era la serpiente la que comía el pan y no los ratones.

¡A matar la serpiente!

El clérigo se alarmó mucho y por la noche no dormía tranquilamente. Tenía al lado de su cama un palo° para espantar a° la serpiente.

Lazarillo dormía con su llave en la boca para que su amo no la descubriera. Una

palo *stick*
espantar a *spook, scare away*

noche, estando durmiendo, la llave empezó a
silbar° en la boca de Lazarillo porque tenía   **silbar** *whistle*
forma de tubo. El clérigo lo oyó y se acercó a la
paja. Entonces, con el palo, le dio a Lazarillo
un golpe muy fuerte en la cara creyendo que le
había dado a la serpiente.

Lazarillo perdió el sentido y no lo recuperó por tres días. El pobre quedó tan mal herido que tuvo que quedarse en cama quince días. El clérigo descubrió así la llave y supo entonces que era Lazarillo y no la serpiente el que estaba comiendo los panes.

A los quince días el clérigo llamó a Lazarillo. Entonces lo sacó a la puerta de la casa y le dijo:

—¡Busca amo y vete con Dios!

Después de leer

Contesta en oraciones completas.

1. ¿Qué hizo el clérigo con los agujeros?
2. ¿Qué hizo Lazarillo cuando el clérigo salió?
3. ¿Por qué se puso muy triste?
4. ¿Qué hizo Lazarillo con el cuchillo una noche en que dormía el clérigo?
5. ¿Qué hizo el clérigo cuando vio el nuevo agujero?
6. ¿Volvió a hacer Lazarillo más agujeros?
7. ¿Qué pidió el clérigo a los vecinos?
8. ¿Por qué no podía dormir tranquilo el clérigo?
9. ¿Por qué dormía Lazarillo con su llave en la boca?
10. ¿Qué creyó el clérigo cuando oyó silbar la llave? ¿Qué hizo?

Lazarillo encuentra a su tercer amo

Lazarillo, todavía lleno de heridas, siguió su camino hasta llegar a la ciudad de Toledo. Allí, yendo de puerta en puerta a pedir limosna, se encontró con un escudero° bastante bien vestido y de buena apariencia. Al ver a Lazarillo el escudero le preguntó:

escudero *esquire*

—Muchacho, ¿buscas amo?

—Sí, señor —respondió Lazarillo.

—Pues, ven conmigo —le dijo el escudero—. Tienes buena suerte al encontrarte conmigo.

Lazarillo quedó contento de haber encontrado a su nuevo amo.

Era de mañana y los dos pasaron por muchas calles y plazas donde se vendían pan y otras provisiones. Lazarillo creyó que su nuevo amo iba a comprar algunas provisiones para el día. Sin embargo, el escudero seguía sin comprar nada.

Lazarillo pensó:

—No le gusta nada de aquí. Seguramente querrá comprar sus provisiones en otro lado.

Pero el escudero no compró nada.

Todavía no comen

A las once los dos entraron a oír misa y a la una de la tarde llegaron a la casa del amo. El escudero abrió la puerta y entró por una entrada oscura. Adentro había un patio y cuartos razonables pero no había muebles, sólo una pobre cama.

A las dos de la tarde todavía no habían
comido y Lazarillo empezó a preocuparse.
Entonces el escudero le preguntó:

—Muchacho, ¿has comido?

—No, señor —respondió él—. Todavía no
eran las ocho cuando lo encontré.

—Pues, aunque era de mañana, yo ya había
almorzado —dijo el escudero—. Cenaremos
más tarde.

Lazarillo, cuando oyó esto, se dio cuenta de
que su sufrimiento iba a continuar.

Después de leer

A **Contesta en oraciones completas.**

1. ¿A quién encontró Lazarillo en Toledo?
2. ¿Cómo era esta persona?
3. ¿Qué hora era cuando se encontraron?
4. ¿Qué pensó Lazarillo cuando pasaron por los lugares
   donde se vendían provisiones?
5. ¿Qué compró el nuevo amo?
6. ¿Qué creyó Lazarillo cuando vio que su amo no
   compraba nada?
7. ¿Qué hicieron a las once?
8. ¿A qué hora llegaron a la casa del amo?
9. ¿Cómo era la casa?
10. ¿Dio de comer el amo a Lazarillo?

B **Indica si la oración es verdadera o falsa. Corrige las falsas.**

1. En Toledo Lazarillo se encontró con un escudero.
2. El escudero compró provisiones en el camino.
3. La entrada de la casa del amo era oscura.
4. El escudero dijo que no había almorzado.
5. Lazarillo se dio cuenta de que su sufrimiento había
   terminado.

El hambre continúa

Cuando Lazarillo vio que su amo no le daría de almorzar, sacó unos pedazos de pan que traía y se puso a comer. El escudero se acercó y le tomó el pedazo más grande de pan que tenía y se lo comió.

Los dos se pasaron la tarde hablando y cuando llegó la noche el escudero le dijo al muchacho:

—Lazarillo, de aquí a la plaza hay una gran distancia y muchos ladrones. Yo no tengo nada de comer en la casa porque en estos días he comido afuera. Pasemos esta noche como podamos.

Lazarillo pensó en la mala fortuna que tenía, pero dijo:

—No se preocupe, señor. Yo sé pasar una noche sin comer.

—Así vivirás muy sano° —contestó el escudero.

muy sano *in good health*

Esa noche los dos se acostaron sin comer. La cama era un colchón° negro y duro puesto sobre unos viejos bancos°.

colchón *mattress*

bancos *benches*

Lazarillo pasó una noche horrible porque tenía muchísima hambre y porque la cama era muy dura y le dolían sus heridas.

Al día siguiente el amo y el criado° se levantaron muy temprano. Como no había comida en la casa, no se desayunaron. Después de vestirse y ponerse la espada°, el escudero le dijo a Lazarillo:

criado *servant*

espada *sword*

—Voy a oír misa. Haz la cama y ve por agua con la jarra. No te olvides de cerrar la puerta con llave para que no roben nada.

Entonces se fue y Lazarillo hizo todo lo que le dijo y fue al río a buscar agua.

A Contesta en oraciones completas.

1. ¿Qué hizo Lazarillo cuando vio que su amo no le daría de almorzar?
2. ¿Qué hizo el amo cuando vio el pan que traía Lazarillo?
3. ¿Qué hicieron los dos toda la tarde?
4. ¿Qué dijo el escudero de por qué no había provisiones en la casa?
5. ¿Qué pensó Lazarillo cuando su amo le dijo que esa noche no comerían? ¿Qué dijo?
6. ¿Cómo era la cama del escudero?
7. ¿Durmió bien Lazarillo? ¿Por qué?
8. ¿Se desayunaron a la mañana siguiente?
9. ¿Adónde fue el escudero por la mañana?
10. ¿Qué le dijo a Lazarillo?

B Escoge la frase o palabra que completa la oración.

1. Lazarillo sacó unos pedazos de pan que traía y _____.
   a. los guardó
   b. se puso a comer
   c. los dio a su amo
2. Cuando llegó la noche los dos _____.
   a. cenaron
   b. salieron
   c. quedaron sin cenar
3. Lazarillo dijo al escudero que _____.
   a. él necesitaba comer
   b. él sabía pasar una noche sin comer
   c. él se iba a ir
4. La cama del escudero era _____.
   a. un colchón sobre bancos
   b. hermosa y cómoda
   c. nueva y suave
5. Lazarillo fue al río para _____.
   a. buscar agua
   b. lavar la ropa
   c. buscar a su amo

El escudero y las dos mujeres

Lazarillo vio a su amo ir por la calle y pensó:

—¿Quién pensará al ver a mi amo que no ha comido en varios días? ¡Cuántos hay por el mundo que viven así!

Luego Lazarillo fue al río a llenar de agua la jarra cuando vio a su amo con dos mujeres. En el verano algunas mujeres tenían la costumbre de ir a pasear junto al río para ver si encontraban a un hidalgo° que las invitara a almorzar.

hidalgo *nobleman*

Lazarillo vio a su amo hablando muy tiernamente° con las dos mujeres y diciéndoles galanterías°. Una de las mujeres entonces le pidió que las invitara a almorzar y el escudero, como no podía comprar comida ni para él, empezó a poner toda clase de excusas. Las mujeres, como eran muy listas, se dieron cuenta del problema del escudero y lo dejaron.

tiernamente *tenderly*

galanterías *compliments*

¡Pobre amo!

Lazarillo estaba comiendo hierbas en una huerta cuando vio todo esto, pero cuidó que su amo no lo viera. Luego volvió a la casa y esperó a su amo a ver si traía comida.

Como eran las dos y su amo no volvía, Lazarillo salió a pedir comida por las calles de Toledo. En menos de dos horas regresó Lazarillo con cuatro libras° de pan, un pedazo de uña de vaca° y unas tripas° cocidas. Eran casi las cuatro y su amo lo estaba esperando.

libras *pounds*

uña de vaca *cow's hoof*
tripas *intestines*

A **Contesta en oraciones completas.**

1. ¿Qué pensó Lazarillo al ver a su amo ir por la calle?
2. ¿Para qué tenían la costumbre ir al río algunas mujeres?
3. ¿A quién vio Lazarillo cuando fue al río?
4. ¿Qué estaba haciendo su amo?
5. ¿Qué le pidió al escudero una de las mujeres?
6. ¿Qué hizo el escudero?
7. ¿Dónde estaba y qué estaba haciendo Lazarillo mientras observaba todo esto?
8. ¿Vio el escudero a Lazarillo en el río?
9. ¿Qué hizo Lazarillo al volver a la casa?
10. ¿Consiguió comida Lazarillo?

B **Indica si la oración es verdadera o falsa. Corrige las falsas.**

1. Lazarillo fue al río a buscar a su amo.
2. Algunas mujeres tenían la costumbre de ir al río a buscar trabajo.
3. Una mujer le pidió al escudero que la invitara a almorzar.
4. El escudero la invitó a comer.
5. Lazarillo consiguió tres libras de pan.

Una cena deliciosa

Cuando Lazarillo entró y vio a su amo,
creyó que el escudero estaría enojado porque
había llegado tarde. El escudero le preguntó
de dónde venía y Lazarillo le contó la verdad y
le mostró la comida que había traído. Pero el
amo, muy orgulloso, le dijo:

—Te esperé a comer pero como no llegaste,
comí.

Lazarillo se sentó a comer, pero sintió
lástima de° su amo porque sabía que él no   **sintió lástima de** *felt sorry for*
había cenado. Su amo no dejaba de mirar la
comida. Sin embargo, Lazarillo no se atrevió a
ofrecer comida a su amo para no ofenderlo.

Pero el escudero no pudo contenerse° más: **contenerse** *contain himself*

—¿Es uña de vaca? —le preguntó.

—Sí, señor —le respondió Lazarillo.

—No hay mejor comida en el mundo —dijo
el escudero.

—Pruébela° y verá que es buena —contestó   **Pruébela** *Try it*
el muchacho.

Lazarillo le dio un pedazo de uña y parte
del pan y el escudero se sentó a su lado.

—¡Exquisito! ¡Este es un banquete de rey!
—exclamó el escudero.

Muy contentos, los dos se acostaron y
durmieron mucho mejor que la noche anterior.
Ya no tenían hambre.

Por varios días el escudero salió a pasear
por las calles y Lazarillo pidió comida de
puerta en puerta. Así el muchacho se
mantuvo° a sí mismo y a su amo.   **se mantuvo** *supported*

Después de leer

A Contesta en oraciones completas.

1. ¿Qué creyó Lazarillo cuando entró a la casa y vio al escudero?
2. ¿Qué le preguntó el escudero y qué respondió Lazarillo?
3. ¿Qué le mostró Lazarillo al escudero?
4. ¿Qué dijo el amo cuando vio la comida?
5. ¿Creyó Lazarillo lo que dijo su amo?
6. ¿Qué hacía el amo mientras Lazarillo comía?
7. ¿Qué quería hacer Lazarillo? ¿Por qué no lo hizo?
8. ¿Qué hizo por fin el escudero? ¿Qué hizo Lazarillo?
9. ¿Durmieron bien esa noche?
10. ¿Cómo fue la vida de ellos durante varios días?

B Indica si la oración es verdadera o falsa. Corrige las falsas.

1. Lazarillo creyó que el escudero estaría contento cuando llegó a casa.
2. Lazarillo no le mostró la comida que tenía.
3. Lazarillo no se atrevió ofrecer comida a su amo.
4. El escudero era un hombre muy orgulloso.
5. El escudero no comió nada.

¡Viene un muerto!

Cuando se publicó la ley para expulsar° a todos los pobres que no eran de la ciudad, Lazarillo ya no pudo salir a pedir comida. Así pasaron hambre varios días. Un día el escudero llegó contento a la casa con un real° en la mano y dijo:

—Toma, Lazarillo. Ve a la plaza y compra pan, vino y carne.

Lazarillo salió y en el camino se encontró con una procesión de clérigos y personas que llevaban a un muerto a enterrar°. A su lado venía la viuda vestida de luto° que gritaba diciendo:

—Marido° y señor mío, ¿adónde te llevan? ¿A la casa oscura y triste? ¿A la casa donde nunca comen ni beben?

Al oír esto, el pobre Lazarillo se asustó° y pensó:

—¡Qué desdicha°! ¡Para mi casa llevan a este muerto!

Lazarillo corre a la casa

Asustado, Lazarillo corrió a la casa lo más rápido que pudo. Entró y abrazó a su amo, pidiendo que le ayudara a cuidar la entrada y gritando:

—¡Nos traen un muerto! ¡Defienda la casa!

—¿Cómo? —preguntó el escudero.

—En la calle había una procesión de entierro —respondió el muchacho— y la viuda gritó, «Marido y señor mío, ¿adónde te llevan? ¿A la casa triste y oscura? ¿A la casa donde nunca comen ni beben?» Aquí, señor, nos traen al muerto.

expulsar *expel*

real *former Spanish silver coin*

enterrar *to bury*

de luto *in mourning*

Marido *Husband*

se asustó *was frightened*

desdicha *bad luck*

Al oír esto, el escudero rió tanto que no pudo hablar por un largo rato. Lazarillo estaba tan asustado que no quería salir a la calle. Pero el escudero abrió la puerta y volvió a enviar a Lazarillo a la plaza.

Ese día amo y criado comieron muy bien. Tuvieron un verdadero banquete de rey.

A Contesta en oraciones completas.

1. ¿Por qué ya no podía salir a pedir comida Lazarillo?
2. ¿Qué trajo un día el escudero?
3. ¿Para qué envió el escudero a Lazarillo a la plaza?
4. ¿Con qué se encontró Lazarillo en la calle?
5. ¿Qué hacía la viuda? ¿Qué decía?
6. ¿Por qué se asustó Lazarillo?
7. ¿Qué hizo él?
8. ¿Qué hizo el escudero cuando oyó lo que decía Lazarillo?
9. ¿Volvió a salir Lazarillo?
10. ¿Comieron bien ese día?

B Indica si la oración es verdadera o falsa. Corrige las falsas.

1. El escudero envió a Lazarillo a comprar pan, vino y leche.
2. Lazarillo se encontró con un amigo en la calle.
3. La viuda iba vestida de luto sin decir nada.
4. Lazarillo creyó que iban a llevar al muerto a su casa.
5. El escudero se enojó mucho cuando Lazarillo le explicó lo que pasó en la calle.

El escudero desaparece

Un día el escudero y Lazarillo estaban hablando cuando entraron por la puerta un hombre y una mujer. El hombre le pidió el alquiler de la casa y la mujer el de la cama. Ellos hicieron cuentas° y vieron que el total alcanzaba doce o trece reales.

hicieron cuentas *calculated*

El escudero les dijo:

—Voy a salir a la plaza a cambiar una moneda de oro. Vuelvan a la tarde y les pagaré lo que les debo.

Pero el escudero nunca volvió. Cuando a la tarde vinieron el hombre y la mujer, Lazarillo les dijo que su amo todavía no había vuelto. Como Lazarillo no quiso quedarse solo en esa casa, fue a la casa de las vecinas a dormir. A la mañana siguiente, volvieron el hombre y la mujer y se dieron cuenta de que habían sido engañados.

Ellos creyeron que Lazarillo sabía donde estaba su amo y le hicieron apresar°. Pero las vecinas intercedieron° por él y fue liberado.

le hicieron apresar *had him arrested*
intercedieron *intervened*

Lazarillo pensó:

—¡Qué desdicha! Por lo general, son los mozos los que dejan a sus amos. Pero conmigo no fue así. ¡Mi amo me dejó a mí!

A Contesta en oraciones completas.

1. ¿Quién entró en la casa del escudero?
2. ¿Qué querían?
3. ¿Cuánto debía el escudero?
4. ¿Qué dijo el escudero?
5. ¿Volvió el escudero a la casa?
6. ¿Dónde durmió Lazarillo esa noche? ¿Por qué?
7. ¿Volvieron el hombre y la mujer la mañana siguiente?
8. ¿Que creyeron ellos?
9. ¿Qué pasó con Lazarillo?
10. ¿Qué pensó él?

B Escoge la frase que completa la oración.

1. En la casa del escudero entraron _____.
   a. un hombre y una mujer
   b. las vecinas
   c. el ciego y el clérigo
2. El escudero dijo que iba a ir _____.
   a. al río
   b. a la iglesia a oír misa
   c. a cambiar una moneda
3. El escudero _____.
   a. nunca regresó
   b. regresó, pero muy tarde
   c. fue a dormir a la casa de las vecinas
4. El hombre y la mujer hicieron _____.
   a. azotar a Lazarillo
   b. apresar a Lazarillo
   c. una fiesta
5. Las vecinas _____.
   a. intercedieron por Lazarillo
   b. también desaparecieron
   c. se fueron de la ciudad

🔲🔲🔲🔲🔲🔲🔲🔲🔲🔲🔲🔲🔲🔲🔲   🔲🔲🔲🔲🔲🔲🔲🔲🔲🔲🔲🔲🔲🔲🔲🔲

Lazarillo encuentra a su cuarto amo

Una vez más Lazarillo tuvo que buscar a otro amo. Con la ayuda de las vecinas del escudero, encontró a su cuarto amo, un fraile° de la Merced que ellas conocían.

fraile *friar*

A este fraile le gustaba mucho andar fuera del convento haciendo visitas y atendiendo a algunos negocios°. Y fue él quien dio a Lazarillo sus primeros zapatos. Pero por caminar tanto, sólo le duraron ocho días.

negocios *business*

Lazarillo no pudo soportar° ese tipo de vida y dejó a ese amo.

soportar *to bear*

Lazarillo encuentra a su quinto amo

El quinto amo de Lazarillo fue un buldero°. Este hombre era el hombre más astuto y desvergonzado° que el muchacho había conocido en toda su vida. El buldero sabía hablar muy bien e iba de iglesia en iglesia vendiendo sus bulas°.

buldero *seller of indulgences (pardoner of sins)*
desvergonzado *shameless*

bulas *indulgences*

Cuando el buldero llegaba a un lugar lo primero que hacía era dar un pequeño regalo a los sacerdotes del pueblo para que invitaran a la gente a comprar las bulas. Y cuando la gente no le compraba sus bulas, buscaba otras formas de engañarles o de forzarles a todos a comprar las bulas.

A **Contesta en oraciones completas.**

1. ¿Quién ayudó a Lazarillo a encontrar a su cuarto amo?
2. ¿Quién fue el cuarto amo de Lazarillo?
3. ¿El fraile pasaba la mayor parte del tiempo dentro del convento?
4. ¿Qué le dio a Lazarillo este amo?
5. ¿Por qué dejó Lazarillo al fraile?
6. ¿Quién fue su quinto amo?
7. ¿Cómo era esta persona?
8. ¿Qué era lo primero que hacía el buldero cuando llegaba a un lugar?
9. ¿Para qué hacía esto?
10. ¿Qué hacía cuando la gente no le compraba sus bulas?

B **Indica si la oración es verdadera o falsa. Corrige las falsas.**

1. El fraile y Lazarillo trabajaron mucho en el convento.
2. Los zapatos le duraron varios meses.
3. El quinto amo de Lazarillo era un hombre muy respetable.
4. El buldero ofreció regalos a los sacerdotes.
5. El buldero no engañaba a la gente.

El engaño del buldero

Una vez, en un pueblo entre Toledo y Madrid, nadie quiso comprar las bulas. El buldero estaba furioso. Entonces, el vendedor invitó al alguacil° del pueblo a cenar en un mesón. Ellos hablaron mucho. Después de cenar, el buldero y el alguacil apostaron° a ver quién pagaba el postre. Luego empezaron a pelear y a decirse malas palabras. El buldero le dijo al alguacil que era un ladrón y el alguacil le dijo al buldero que era un farsante° y que las bulas eran falsas.

Al día siguiente, en la iglesia, el alguacil volvió a acusar al buldero. Pero este, sin perder la compostura°, pidió a Dios que probara a todos los presentes que las bulas eran verdaderas. En ese momento el alguacil cayó al suelo y empezó a dar gritos y a moverse descontroladamente. Entonces el buldero rezó a Dios para que perdonara al alguacil y en ese instante el alguacil se curó.

Toda la gente del lugar quedó muy impresionada° y compró sus bulas. Nadie quedó sin las bulas del buldero.

alguacil *constable*

apostaron *made a bet*

farsante *fraud*

compostura *composure*

impresionada *impressed*

¡Pobre de los inocentes!

Al principio Lazarillo también creyó todo lo que había ocurrido. Pero después, cuando vio a su amo y al alguacil contando el dinero y riéndose de la gente, se dio cuenta del engaño. El muchacho pensó:

—¡Cuántos engaños más deben hacer estos con la gente inocente!

Aunque comió bien con este amo, Lazarillo sufrió mucho los cuatro meses que estuvo con el buldero. Después lo dejó.

A Contesta en oraciones completas.

1. ¿Por qué estaba furioso el buldero?
2. ¿A qué apostaron el buldero y el alguacil después de la cena?
3. ¿Qué ocurrió después?
4. ¿Qué le dijo el alguacil al buldero?
5. ¿En dónde volvió el alguacil a acusarle al buldero?
6. ¿Qué hizo el buldero?
7. ¿Qué ocurrió entonces con el alguacil?
8. ¿Qué hizo la gente?
9. ¿Creyó Lazarillo al principio lo que había sucedido?
10. ¿Y después?

B Indica si la oración es verdadera o falsa. Corrige las falsas.

1. En el lugar donde estaba el buldero, nadie quería comprarle sus bulas al principio.
2. El buldero y el clérigo se pelearon después de la cena.
3. El alguacil dijo al buldero que era un farsante.
4. El alguacil volvió a acusar al buldero en la plaza.
5. Después de curar al alguacil, la gente no compró las bulas.

Lazarillo, el aguador

Después de dejar al buldero, Lazarillo pasó
a servir a un hombre que pintaba panderos°.
Más tarde encontró a otro amo, un capellán°,
que le dio trabajo de aguador°. Lazarillo iba
por la ciudad con un burro, cuatro cántaros° y
un azote vendiendo agua.

panderos *tambourines*

capellán *chaplain*

aguador *water seller*

cántaros *large pitchers*

A Lazarillo le pareció bueno el trabajo de
aguador. Tenía cierta independencia y siempre
tenía suficiente de comer. Le fue tan bien que
después de cuatro años de trabajo pudo
ahorrar lo suficiente para comprarse ropa fina,
aunque usada, y una espada. Desde que pudo
vestirse como hombre de bien, Lazarillo ya no
quiso trabajar de aguador.

Lazarillo dejó el burro y los cántaros y fue a
servir a un alguacil. Sin embargo, no estuvo
con él mucho tiempo porque le pareció
peligroso el trabajo. Una noche unos
criminales les hicieron correr a Lazarillo y al
alguacil con piedras y palos. Le dieron al
alguacil pero a Lazarillo no. Lazarillo decidió
entonces buscarse otro trabajo.

Lazarillo, el pregonero

Lazarillo logró encontrar trabajo como
pregonero° de la ciudad. Caminaba por las
calles anunciando las noticias del día: los
vinos que se vendían en la ciudad, los delitos
de los criminales, las cosas perdidas y las
subastas°. Tan contento estuvo con el trabajo
que fue pregonero el resto de su vida.

pregonero *town crier*

subastas *auctions*

Lazarillo se casa

Después de un tiempo, Lazarillo se casó con la criada de un arcipreste°. El arcipreste les dio una casa al lado de la suya y le daba a Lazarillo ropa usada y comida. Lazarillo dice que nunca se arrepintió de° haberse casado con ella y estaba contento con lo que había logrado. Había tenido una vida difícil, pero por fin, llegó a ser feliz. Fue amado de su esposa y sus amigos y respetado de los demás por su noble corazón.

arcipreste *archpriest*

se arrepintió de *regretted*

Después de leer

A Contesta en oraciones completas.

1. Después del buldero, ¿a quién pasó a servir Lazarillo?
2. ¿Y quién fue su siguiente amo?
3. ¿Cómo le pareció a Lazarillo el trabajo de aguador? ¿Por qué?
4. ¿Qué hizo con el dinero que ganó?
5. ¿Por qué no continuó con el trabajo de aguador?
6. Después del capellán, ¿a quién pasó a servir Lazarillo?
7. ¿Por qué no quiso seguir trabajando con el alguacil?
8. ¿Qué trabajo consiguió después?
9. ¿Estuvo contento en el trabajo?
10. ¿Con quién se casó Lazarillo?

B Indica si la oración es verdadera o falsa. Corrige las falsas.

1. Lazarillo vendía agua con un burro, un cántaro y cuatro azotes.
2. Lazarillo dejó el trabajo de aguador porque no le fue muy bien.
3. Lazarillo fue alguacil de la ciudad.
4. Lazarillo estuvo contento con el trabajo de pregonero.
5. Lazarillo se casó con la hija de un arcipreste.

C Actividades adicionales

1. ¿Cómo es Lazarillo? ¿Qué tipo de persona es? Escribe una composición describiendo su personalidad y sus virtudes.
2. ¿Conoces a otro personaje de la literatura o de películas que se encuentre en situaciones como el pobre Lazarillo? Escribe una composición comparando a los dos personajes.
3. Con un(a) compañero(a), presenta a la clase una representación de una escena del cuento *Lazarillo de Tormes.*

Answer Key

The following are possible answers to the questions that follow each reading.

Primera parte: Enrique y María

1. A. 1. Él es español. 2. Ella es de los Estados Unidos. 3. Sí, Enrique y María son amigos. 4. El apellido de Enrique es Pereda. 5. Estudian en el Colegio Glenview. **B.** 1. Cuba 2. México 3. Argentina 4. Chile

2. A. 1. Él está en una ciudad pequeña de los Estados Unidos. 2. Sí, estudian mucho. 3. Tienen mucho interés en la literatura española y latinoamericana. 4. María practica el español con Enrique. 5. Sí, habla muy bien. **B.** 1. último 2. secundaria 3. muy bien 4. mucho 5. interés 6. pequeña

3. A. 1. Tiene cuatro hermanos. 2. Su padre se llama Ramón. 3. Su madre es profesora. 4. Él es importante porque habla inglés y español. 5. Ellos estudian en una escuela primaria. **B.** Answers will vary.

4. A. 1. No, ella no tiene hermanos. 2. Ella se llama Anita. 3. Él es médico. 4. Sí, tienen muchos amigos. 5. No, no hablan español. **B.** 1. cómico 2. simpática 3. amigo 5. poco

5. A. 1. No, no es grande. 2. Hay una sala, un comedor, una cocina, cuatro dormitorios con baño, sala y cocina para invitados. 3. Hay un sofá y unos sillones cómodos. 4. Hablan en la sala. 5. Hablan del colegio y de sus clases. **B.** 1. Answers will vary. 2. to invite; invitados

Repaso 1. 1. Él es de España. 2. Ella es de los Estados Unidos. 3. Él tiene Pereda. 4. Ella tiene Thompson. 5. Ellos estudian en el Colegio Glenview. 6. Él esta en una cuidad pequeña de los Estados Unidos. 7. Ella practica con Enrique. 8. Enrique tiene cuatro hermanos. 9. Ellos se llaman Ramón y Mercedes. 10. Él es ingeniero y ella es profesora de español. 11. Ella es bastante grande. 12. No, su familia es pequeña. 13. Él es médico. 14. Ella es abogada. 15. Ella es lujosa.

Crucigrama 1. *Horizontal:* 4. cocina 7. sala 8. habla 10. latinoamericanos 13. inglés 14. comedor 15. médico 16. España *Vertical:* 1. dormitorio 2. estadounidense 3. primaria 5. familia 6. español 9. hermanos 10. literatura 11. apellido 12. abogada

6. A. 1. False. El colegio de María es enorme. 2. False. El colegio tiene tres pisos. 3. True. 4. False. Enrique estudia biología. 5. False. María prefiere

español. **B.** 1. ciencia 2. lengua 3. ciencia 4. matemáticas 5. matemáticas
6. ciencia

7. A. 1. False. Enrique no estudia un idioma. 2. True. 3. False. María habla
español con la profesora de español. 4. False. Ella es francesa. 5. False. Hay
tres. 6. True. **B.** 1. clases, francés, estudia, idioma, mayoría, profesora,
practica, colegio, francesa

8. A. 1. b 2. c 3. a 4. c 5. c 6. a **B.** 1. poeta 2. alumno 3. profesora
4. chileno

9. A. 1. False. Hay tres aulas. 2. True. 3. False. Son de Argentina y
Colombia. 4. False. Hay dos mapas. 5. True. **B.** 1. Tape recorder, graba.
2. Answers will vary.

10. A. 1. El club de español se llama «Los Aventureros». 2. Son los alumnos
avanzados. 3. El presidente es Enrique. 4. La tesorera es María. 5. Ellos
organizan reuniones y bailes, cantan y recitan poemas en español. 6. Ellos
hacen sus reuniones en la casa de María. **B.** 1. presentaciones 2. organizan
3. miembro 4. aventurero 5. después de

Repaso 2. 1. Tiene tres pisos. 2. Tiene numerosas aulas. 3. Se enseñan
diversas asignaturas. 4. Él estudia historia de los Estados Unidos,
matemáticas, biología, inglés, y música. 5. Ella estudia historia de América
del Sur, álgebra, física, inglés y español. 6. Se llama Señorita Scott. 7. Ellos
leen varios libros. 8. A veces invita a un poeta chileno. 9. Escribe poemas.
10. Sí, le gustan los poemas. 11. Le gusta escribir poemas. 12. En su
escritorio hay varios libros. 13. Hay un reloj, un cuadro, dos posters y unos
mapas. 14. El club se llama «Los Aventureros». 15. Los miembros son los
alumnos avanzados y los alumnos de habla española.

Crucigrama 2. *Horizontal:* 8. asignaturas 10. presidente 11. poeta
12. tesorera 13. francés 14. pisos *Vertical:* 1. reuniones 2. biología
3. poemas 4. despachos 5. aulas 6. pupitres 7. mapa 8. aventureros
9. avanzados

11. A. 1. False. Luisa es de Puerto Rico. 2. True. 3. False. Luisa tiene un
hermano. 4. False. Hay una fiesta este sábado. 5. True. 6. False. Ella sabe
canciones de Puerto Rico. 7. True. 8. False. Ella tiene que hablar con sus
padres. **B.** 1. c 2. d 3. b 4. a

12. A. 1. True. 2. False. La reunión es el miércoles. 3. True. 4. False. Enrique no habla con la directora. 5. False. Ella dice que la reunión es el miércoles. 6. True. 7. True. 8. False. Es el 14 de noviembre. **B.** 1. llega 2. se sienta 3. empieza 4. entra

13. A. 1. Enrique es capitán del equipo de fútbol americano. 2. El deporte preferido es el fútbol. 3. Se juegan el golf, el béisbol y el tenis. 4. Es popular en España. 5. Enrique tiene que ir a practicar. **B.** to play; jugador

14. A. 1. False. Es cada año. 2. False. Es de poesía en español. 3. True. 4. False. Hay concursos preliminares. 5. False. Los jueces hablan español. 6. False. Se decide en el concurso final. 7. True. 8. False. La ganadora recibe la copa de plata. **B.** to win; ganadora

15. A. 1. a 2. b 3. a 4. c 5. b **B.** Answers will vary.

16. A. 1. Le gusta montar a caballo, cantar, bailar y leer. 2. Eduardo es miembro del equipo de tenis. 3. Es coleccionar estampillas. 4. Le gusta cocinar y montar en moto. 5. Es en el restaurante El Taco. **B.** 1. España, Spain; México; Argentina; Venezuela; Colombia; Perú; República Dominicana, Dominican Republic; Costa Rica; Honduras; Guatemala; Bolivia; Puerto Rico; Paraguay; Cuba; Chile; Ecuador; Uruguay; Nicaragua; Panamá; Francia, France; Inglaterra, England; Irlanda, Ireland; Egipto, Egypt; Suecia, Sweden; Israel; Suiza, Switzerland; Rusia, Russia; Italia, Italy; Grecia, Greece; Turquía, Turkey.

Repaso 3. 1. Luisa es de Puerto Rico. 2. Viven seis. 3. Enrique tiene una reunión con la directora. 4. La señorita Scott entra. 5. Enrique habla a las cuatro y cuarto. 6. Es el miércoles. 7. Es el capitán del equipo de fútbol americano. 8. Gana el concurso de declamación. 9. Gana con el poema *La canción del pirata*. 10. Recibe una copa de plata. 11. Hablan sobre sus pasatiempos favoritos. 12. Es coleccionar estampillas.

Crucigrama 3. *Horizontal:* 1. plata 9. ganadora 10. sábado 12. estampillas 13. equipo 14. poesía 15. capitán 16. fútbol *Vertical:* 1. plata 3. campeonato 4. Puerto Rico 5. martes 6. pasatiempos 7. miércoles 8. abuelos 11. americano.

17. A. 1. a 2. a 3. b 4. a 5. c 6. c 7. b

18. A. 1. False. Ella le escribe a Fernando. 2. False. Ella tiene diecisiete años. 3. False. Ella estudia física, no biología. 4. False. Ellos leen varios libros. 5. False. Las reuniones son los martes. 6. False. Ella vive en una cuidad pequeña. 7. True. **B.** actividades, álgebra, alumna, América, avanzados, aventureros, club, Colegio, e-mail, estudio, excelente, física, fotografía, historia, inclusive, interesantes, miembros, mucho, presidente, profesora, reuniones, secundaria, tesorera, varios

19. A. 1. Fernando tiene diecisiete años. 2. Inglés es muy difícil para Fernando. 3. Vive en Málaga. 4. Tiene dos hermanos. 5. Le gusta practicar natación, tenis y golf. 6. Le gustan las películas norteamericanas y francesas. **B.** 1. to swim; natación; 2. photography, película

20. A. 1. False. Hoy es el cumpleaños de Enrique. 2. False. Él cumple dieciocho años. 3. True. 4. True. 5. True. 6. False. María le da una chaqueta negra. **B.** cumple (he/she reaches) + años (years)

Repaso 4. 1. Enrique recibe un e-mail. 2. Es de un amigo español. 3. La lista tiene nombres y direcciones de e-mail. 4. La profesora corrige los e-mails. 5. María escribe a Fernando Castillo. 6. María cuenta de su colegio, de sus estudios, del club de español y de su ciudad. 7. Fernando tiene diecisiete años. 8. Vive en Málaga. 9. María compró adornos y comida. 10. Es rojo. 11. Le prepararon una fiesta sorpresa. 12. Enrique recibe una moto, una chaqueta, camisas, posters y libros.

Crucigrama 4. *Horizontal:* 6. direcciones 8. chaqueta 9. dos 10. moto 11. beso 12. foto *Vertical:* 1. natación 2. películas 3. Málaga 4. Fernando 5. inglés 6. dieciocho 7. sorpresa 8. cine

21. A. 1. Es feriado porque los mexicanos festejan su independencia. 2. El Grito de Dolores es el inicio de la revolución mexicana contra España. 3. Celebran el cinco de mayo. 4. Los mexicanos ganaron una batalla importante contra los franceses. 5. María fue a una escuela en Ciudad Juárez. 6. Ella cantó con los niños. **B.** festival, party; festejar

22. A. 1. c 2. c 3. b 4. c 5. a **B.** better; mejorar

23. A. 1. True. 2. False. María compró el suyo. 3. False. María quiere un refresco. 4. False. María le da cinco dólares a Enrique. 5. True.
B. 1. Answers will vary; encanta. 2. palomitas, refresco, boleto, película, dulces

24. A. 1. a 2. b 3. b 4. a 5. c **B.** 1. help 2. change 3. dominate 4. construction

25. A. 1. a 2. c 3. c 4. c 5. b 6. c **B.** 1. terminó, estudiantes, frontera, región, importantes, trenes, ciudad, Grande, Negras, sirven, centros, comerciales, fundadas, plano, general, católica, frente, plaza, edificios, gobierno, mercados, aire, libre, tipo

26. A. 1. False. Ella habla de historia estadounidense. 2. False. Ella dio una charla sobre la herencia española. 3. False. Ella dijo que hay muchos nombres de ciudades de origen español. 4. True. 5. False. México perdió gran parte de su territorio en la guerra contra los Estados Unidos. 6. True.
B. 1. Answers will vary.

Repaso 5. 1. Los mexicanos festejan su independencia el dieciséis de septiembre. 2. El cinco de mayo festejan la conmemoración de una victoria contra los franceses. 3. María hizo una visita a Ciudad Juárez. 4. Ella fue a hablar con la señorita Scott sobre la posibilidad de estudiar español al nivel universitario. 5. Ofrecen cursos de verano. 6. Fueron al cine. 7. Enrique le dijo a María que le gustaba salir con ella. 8. Son Cuidad Juárez, Nuevo Laredo, Tijuana, Matamoros y Piedras Negras. 9. Ella estaba especializada en historia estadounidense. 10. Ella habló sobre la herencia española en los Estados Unidos. 11. Los españoles fueron los primeros europeos que colonizaron los Estados Unidos. 12. Muchos lugares tienen nombre español.

Crucigrama 5. *Horizontal:* 5. pantalla 9. boletos 11. Piedras Negras 12. vivir 13. mayo 14. cine *Vertical:* 1. Hidalgo 2. Ciudad Juárez 3. historiadora 4. carreteras 6. ciudades 7. estados 8. Dolores 10. septiembre

27. A. 1. True. 2. True. 3. False. Son la misma ciudad. 4. False. Es muy grande. 5. True. 6. True. 7. False. La residencia del emperador Maximiliano fue el castillo de Chapultepec. 8. False. Tiene que escribir una. **B.** 1. Fun, divertidas, fun. 2. clase, estudiando, composición, comentó, capital, respondió, básicamente, describir, frontera, problema, grande, antiguo, moderno, arquitectura, edificios, construidos, coloniales, catedral, templo, principal, ruinas, numerosos, turistas, plazas, parques, situado, famoso, palacio, residencia, emperador, divertidas, distrito, federal, momento

28. A. 1. e 2. g 3. b 4. a 5. f 6. c 7. d **B.** 1. clase, particular, ciudades, mexicanas, cultura, existía, colonizadores, europeos, avanzada, ejemplo, capital, pirámides, Egipto, mayor, Luna, indígenas, templos, observatorios, astronómicos, turistas, construyó, antigua, enorme, canales, flotantes, estado, segunda

29. A. 1. Enrique recibió noticias que lo han admitido a la universidad. 2. Sus padres se alegraron. 3. María estaba triste porque van a estar lejos. 4. Ellos prometen que nunca se olvidarán. 5. Les quedan cuatro meses. **B.** nos preocupamos

30. A. 1. False. El año escolar termina en junio. 2. True. 3. False. La poeta invitada recita un poema. 4. False. La directora entrega los diplomas. 5. True. 6. False. Están tristes porque pronto van a estar separados. **B.** 1. Gift, regala.

Repaso 6. A. 1. La ciudad más grande y más poblada es la Ciudad México. 2. Enrique fue a la clase de María. 3. Dijo que era una cultura avanzada. 4. Usaban las pirámides como templos y observatorios astronómicos. 5. La carta decía que lo habían admitido a la universidad. 6. Sí, María fue admitida a la universidad también. 7. No, María no estaba contenta. Porque ella iba a Nueva York. 8. La ceremonia tuvo lugar en el gimnasio. 9. La directora inició la ceremonia. 10. Después habló la invitada especial. 11. Ella animó a los alumnos a esforzarse y a estudiar. 12. María le regaló un bolígrafo a Enrique y Enrique le regaló un libro a María. **B.** Answers will vary.

Crucigrama 6. *Horizontal:* 2. junio 6. azteca 10. observatorios 11. poeta 12. libro 13. beca 14. fotos *Vertical:* 1. directora 3. bolígrafo 4. Federal 5. México 7. triste 8. escribirse 9. pirámides

Segunda parte: Historia de México

1. 1. Se llama los olmecas. 2. Una cabeza colosal es una escultura hecha de piedra. 3. La civilización maya floreció entre los años 200 y 900 D.C. 4. La evidencia es que inventaron un sistema complejo de escritura con jeroglíficos, sabían matemáticas y astronomía y hacían cálculos complejos. 5. Los aztecas dominaban la región central cuando llegaron los españoles. 6. Otros grupos indígenas pagaban tributos a los españoles. 7. Realizaron sacrificios humanos. 8. Moctezuma era el emperador.

2. 1. Hernán Cortés fue un capitán español. 2. Salió de España y fue a Cuba. 3. Recibió noticias de México. 4. Cortés llegó a México en 1519. 5. Llegó a la costa oriental. 6. Tenía 11 barcos y 450 soldados. 7. Tenía 16 caballos. 8. Cortés pretendía conquistar a México. 9. Mandó reconocimiento de la autoridad de la iglesia cristiana y el rey español. 10. Entraron en batalla porque los indígenas tenían sus propios líderes y su propia religión. 11. Fueron derrotados porque no tenían armas de fuego. 12. Cortés fundó Veracruz.

3. 1. Los indígenas creyeron que los españoles eran dioses. 2. Creyeron que los españoles controlaban el trueno cuando ellos dispararon contra los indígenas. 3. Creyeron que eran mitad hombre y mitad bestia. 4. Se llamaba Moctezuma. 5. Era muy inteligente. 6. Temía a los dioses. Para aplacarlos les ofrecía sacrificios humanos. 7. Cuando recibió noticias de la llegada de los españoles, el emperador envió regalos muy ricos. 8. Cortés quiso conquistar ese país donde había tanta riqueza.

4. 1. Sí, los soldados de Cortés eran muy valientes. 2. Temían a los indígenas porque ellos eran tan numerosos. 3. Pensó que algunos de sus soldados querrían volver a Cuba. 4. Cortés hundió todos los barcos excepto uno. 5. Dijo a sus soldados que si alguno tenía miedo y quería volver a Cuba podía volver en ese barco. 6. No, ninguno confesó que tenía miedo. 7. Cortés hundió el último barco. 8. No les quedó ninguna opción. 9. La nación azteca tenía a las otras naciones bajo su dominio. 10. Algunas querían su independencia.

5. 1. Creían en la leyenda de Quetzalcoatl. 2. El dios de la leyenda se llamaba Quetzalcoatl. 3. Había sido rey de la nación de los toltecas. 4. Ayudo a los toltecas a alcanzar un alto grado de civilización. 5. Partió en un barco de serpientes. 6. Quetzalcoatl era blanco de ojos grandes, pelo largo y negro con una barba tupida. 7. Creyeron que estos hombres blancos descendían de la leyenda. 8. Sí, temían a los españoles. 9. Creyó que los españoles eran dioses. 10. Les envió regalos con la esperanza de que no vinieran a la capital azteca.

6. 1. Los españoles necesitaron intérprete porque no sabían los idiomas. 2. Les dio unas jóvenes porque perdió una batalla. 3. Se conoce del nombre La Malinche. 4. Le pusieron Marina. 5. Ella sabía el idioma de los mayas y de los aztecas. 6. El otro intérprete era un sacerdote español. 7. Él sabía el idioma de los mayas y el español. 8. Cortés hablaba con Marina y ella traducía lo que decía Cortés para los aztecas. 9. Apreciaban a Marina por su ayuda en la conquista de los aztecas. 10. La veían como traidora por su ayuda en la conquista de los aztecas.

Repaso 1. 1. Las civilizaciones que habitaban México eran los olmecas, los mayas y los aztecas. 2. La evidencia que hay para explicar que eran civilizaciones avanzadas son las cabezas colosales de los olmecas, los templos, los jeroglíficos y las matemáticas de los mayas y los templos y el calendario de los aztecas. 3. La nación que dominaba cuando llegó Cortés era la nación azteca. 4. Hernán Cortés fue un capitán español. 5. Fue a México en busca de aventuras y riquezas. 6. Llevaba pocos barcos y hombres. 7. Pretendía conquistar la nación azteca. 8. Fundó la ciudad de Veracruz. 9. Se llamaba Moctezuma. 10. Tenía miedo porque creía que eran dioses. 11. Le envió regalos de oro. 12. Los españoles decidieron conquistar ese país con tanta riqueza. 13. Cortés hundió los barcos, porque los hombres querían volver a Cuba. 14. Formaron alianzas con Cortés porque querían su independencia de los aztecas. 15. Creían en la leyenda de Quetzalcoatl. 16. La Malinche era la intérprete de los españoles.

7. 1. La capital azteca se llamaba Tenochtitlán. 2. Cortés fue primero a las tierras de los indios totonacos. 3. Los totonacos recibieron bien a los españoles. 4. Hicieron alianza con Cortés porque estaban bajo el dominio de los aztecas. 5. Las ciudades eran tan grandes y hermosas como muchas de las ciudades de España. 6. Los caciques vivían en residencias hermosas con jardines hermosos. 7. Sí, Cortés tuvo que librar batallas. 8. Sí, los ejércitos de los indígenas eran grandes. 9. Los españoles pudieron derrotar a sus enemigos porque tenían armas superiores, tenían aliados indígenas y los indígenas creían que los españoles eran dioses.

8. 1. La nación indígena que más resistencia opuso a los españoles fue los tlaxcaltecas. 2. Sí, los tlaxcaltecas llegaron a ser aliados de los españoles. 3. Los españoles se quedaron tres semanas en Tlaxcala. 4. Tlaxcala era la capital de la nación tlaxcalteca. 5. Moctezuma envió los mensajeros a los españoles. 6. Le envió un mensaje invitando a Cortés a la capital azteca.

7. De Tlaxcala los españoles fueron a Cholula. 8. Recibieron a los españoles con hospitalidad. 9. Planearon matar a todos los españoles. 10. Cuando se enteró de los planes de los cholutecas, Cortés mandó a matar a más de 6.000 cholutecas. 11. Se quedo tres semanas en Cholula. 12. De allí fue a Tenochtitlán.

9. 1. El emperador Moctezuma y varios nobles y una gran multitud recibieron a Cortés. 2. Cortés y el emperador intercambiaron regalos. 3. Fueron conducidos a una residencia magnífica. 4. La ciudad era grande y hermosa. 5. Las residencias eran lujosas con jardines hermosos. 6. Las tiendas y mercados eran tan buenos como los de España. 7. Se construían con adobe o piedra. 8. Los edificios más grandes de la ciudad eran los templos de los dioses aztecas. 9. El templo mas importante de la ciudad fue consagrado al dios Huitzilopochtli. 10. Estaba situado en el centro de la ciudad. 11. Tenía forma de pirámide. 12. Tenía una llama en la cima. 13. Se sacrificaban víctimas humanas. 14. Las víctimas eran prisioneros de guerra.

10. 1. Moctezuma era también el sacerdote principal de la religión azteca. 2. Cortés era cristiano. 3. Empezaron a temer que los aztecas estuvieran planeando matarlos. 4. Concibió el plan de capturar al emperador Moctezuma. 5. Pensó que haciendo prisionero a Moctezuma los soldados aztecas no se atreverían a tocar a los españoles. 6. Un día fue adonde estaba Moctezuma y lo capturó. 7. Estaba prisionero en el palacio de Cortés. 8. Sí, el emperador tenía mucha libertad. 9. Sí, podía recibir visitas. Lo visitaban los nobles y sus amigos. 10. No podía salir del palacio. 11. Moctezuma estaba triste. Los aztecas estaban tristes también. 12. No se atrevían a pelear contra los españoles porque temían que mataran al emperador.

Repaso 2. 1. Cortés fue primero a las tierras de los indios totonacos. 2. Recibieron bien a los españoles. 3. Los totonacos se aliaron con los españoles. 4. Dieron una gran cantidad de soldados indígenas. 5. Los tlaxcaltecas se aliaron con los españoles. 6. Moctezuma envío los mensajeros a Cortés. 7. De Tlaxcala los españoles fueron a Cholula. 8. Estaban planeando matar a los españoles. 9. Cortés mandó a matar a 6.000 cholutecas. 10. Moctezuma fue a recibir a Cortés. 11. La capital era grande y hermosa. 12. El templo mas importante era el de Huitzilopochtli. 13. Ofrecían sacrificios humanos. 14. Los españoles empezaron a temer que los aztecas estuvieran planeando matarlos. 15. Cortés capturó al emperador Moctezuma. 16. No se atrevían a pelear contra los españoles porque temían que mataran al emperador.

11. 1. Cortés recibió noticia de la llegada de una flota española a Veracruz. 2. Velázquez era el gobernador de Cuba. 3. Velázquez había enviado una flota a Veracruz. 4. La flota era bajo el mando de Pánfilo Narváez. 5. Tenía órdenes de capturar a Cortés y enviarlo de vuelta a Cuba. 6. Cortés decidió ir a Veracruz y enfrentar a Narváez. 7. Partió con 140 soldados españoles.

8. Dejó al capitán Pedro de Alvarado. 9. En Cholula Cortés agregó 120 soldados a su ejército. 10. El ejército de Narváez era más grande. 11. Sí, Narváez esperaba un ataque de Cortés, porque su ejército era más grande. 12. Cortés lanzó un ataque por la noche. 13. Cortés ganó la batalla. 14. Murieron cuatro soldados de Cortés y quince de Narváez. 15. Los soldados que fueron capturados se alistaron en el ejército de Cortés.

12. 1. Quiso mostrar el poder de las fuerzas españolas. 2. Planearon una fiesta religiosa. 3. Temían que la fiesta fuera un preludio a un ataque contra ellos. 4. Alvarado entró en el templo y mató a más de 600 de los principales nobles aztecas. 5. Los aztecas se enfurecieron y se sublevaron. 6. Murieron seis soldados en el camino. 7. Continuaron durante varios días. 8. Alvarado envió mensajeros a Cortés en Veracruz.

13. 1. Cortés encontró todo tranquilo. 2. Los aztecas se estaban preparando para matar a los españoles. 3. Cortés decidió abandonar la capital. 4. Parecía imposible porque los guerreros aztecas eran tan numerosos. 5. Cortés trató de hacer las paces con los aztecas. 6. Moctezuma salió a la azotea. 7. Moctezuma trató de apaciguar a los aztecas. 8. Los aztecas que estaban en la calle le tiraron piedras a Moctezuma. 9. Una piedra le causó una herida grave al emperador. 10. Cortés mató a Moctezuma. 11. El hermano menor del emperador se convirtió en emperador. 12. El nuevo emperador era un guerrero muy valiente. 13. Cuitláhuac murió cinco meses después. 14. Cuauhtémoc se convirtió en emperador.

14. 1. La situación en la capital estaba empeorando. 2. Cortés decidió abandonar la capital. 3. Decidió abandonar la capital la noche del 1 de julio de 1520. 4. Tenían que cruzar seis canales. 5. El ejército de los españoles era pequeño y el de los aztecas era grande. 6. Los aztecas lucharon contra los españoles en las calles y tiraron piedras desde las azoteas. 7. Sí, Cortés logró salir de la ciudad. 8. Cortés perdió la mitad de sus tropas, 4.000 aliados indígenas y la mayor parte del tesoro. 9. Llegó a un lugar cerca de la ciudad. 10. Según dicen, Cortés lloró en ese lugar. 11. Podía ver a los sacerdotes aztecas ofreciendo a sus dioses el corazón de los prisioneros españoles. 12. Cortés empezó a hacer planes para atacar la ciudad.

Repaso 3. 1. Cortés recibió noticia de la llegada a Veracruz de una flota española. 2. Había enviado a Pánfilo Narváez. 3. Tenía órdenes de capturar a Cortés y enviarlo de vuelta a Cuba. 4. Cortés salió de la capital con un ejército pequeño. 5. Cortés atacó al ejército de Narváez por la noche en Cempoala. 6. Después de la batalla los soldados de Narváez se alistaron al ejército Cortés. 7. Pedro de Alvarado mató a cientos de nobles aztecas. 8. Los aztecas se sublevaron en masa contra los españoles. 9. La capital estaba tranquila. 10. Se estaban preparando para matar a los españoles. 11. Trató de hacer las paces con los aztecas. 12. Los aztecas tiraron piedras. 13. Cortés mató a Moctezuma. 14. Cuitlahuac fue emperador. 15. Después de él fue Cuauhtémoc. 16. Era un hombre de gran valentía.

15. 1. Cortés fue a Tlaxcala. 2. Peleó contra grandes ejércitos aztecas. 3. Fue bien recibido. 4. Cortés quedó allí curando a los soldados heridos. 5. Cortés agregó a su ejército fuerzas españolas. 6. Construyó barcos para combatir contra las canoas aztecas. 7. Inició el sitio de la ciudad. 8. El maíz era el alimento principal de los aztecas. 9. No, el maíz no fue suficiente. 10. Cortés destruyó el acueducto que abastecía de agua a los aztecas. 11. Cortés envió mensajeros al emperador proponiéndole su rendición. 12. Respondía que preferían la muerte a la rendición.

16. 1. Sí, los españoles pudieron tomar la ciudad. 2. Capturaron al emperador. 3. El emperador trataba de escapar. 4. Murieron más de cien mil aztecas y más de cien soldados. 5. Tenía trescientos mil habitantes. 6. Cortés destruyó la mayor parte de la ciudad. 7. La población fue reducida a una pequeña parte de lo que había sido. 8. Trató de obligar a Cuauhtémoc. 9. No, Cuauhtémoc no contó donde estaba. 10. Cortés mandó a torturar al emperador. 11. El rey se quejó. 12. Cuauhtémoc contestó que él no estaba en un lecho de rosas. 13. No, no contestaron donde estaba el tesoro. 14. No, los españoles no pudieron encontrar el tesoro.

17. 1. Cortés fue nombrado gobernador y capitán de Nueva España. 2. Fue nombrado por el emperador Carlos V de España. 3. La primera provincia española se llamó Nueva España. 4. El gobierno de la provincia española era puramente militar. 5. Una de las primeras cosas que hizo Cortés fue reconstruir la capital. 6. No pudo reponer los jardines y las obras de arte. 7. No, la capital no volvió a ser como antes. 8. Cortés destruyó los templos de los aztecas. 9. En el lugar donde estaba el templo principal construyó una catedral cristiana. 10. Misioneros vinieron de España a evangelizar a los indígenas. 11. Fue uno de los primeros españoles en abogar por el buen trato de los indígenas. 12. Abogaba por un trato más humano.

18. 1. El tipo de gente que venía de España era hombres que venían en busca de riquezas o aventuras. 2. Venían con la meta de hacer fortuna y de volver a España ricos. No, todos no la alcanzaban. 3. Después de haber sido conquistados los indígenas sufrieron muchos abusos. 4. Se les trataba como animales. 5. Había cuatro clases sociales. Eran los peninsulares, los criollos, los mestizos y los indios. 6. La clase más alta era la de los peninsulares, y la más baja era la de los indios. 7. Los peninsulares ocupaban los cargos más altos. 8. Los mestizos no tenían derechos políticos. 9. Los españoles trajeron la lengua, la religión, las costumbres, la cultura y la civilización de España. 10. Los españoles llevaron a España el chocolate, el tomate, el cacao, el maíz, el cacahuate y otras plantas y productos.

Repaso 4. 1. Cortés fue a Tlaxcala. 2. Allí se preparó para conquistar la capital. 3. No, Cortés sitió la capital por agua también. 4. El sitio duró setenta y cinco días. 5. Sí, Cortés pudo capturar al emperador. 6. Se llamaba Cuauhtémoc. 7. Antes del sitio Tenochtitlan era la ciudad más grande y más rica del continente. 8. Durante el sitio Cortés destruyó la mayor parte de la

ciudad. 9. No, Cuauhtémoc no contó donde estaba el tesoro. 10. Cortés
reconstruyó la capital en parte. 11. Venían para evangelizar a los indígenas.
12. Bartolomé de las Casas era el defensor de los derechos de los indios.
13. La población estaba dividida en cuatro clases sociales. Eran los
peninsulares, los criollos, los mestizos y los indios. 14. La clase más alta era
los peninsulares. La clase más baja era los indios. 15. Los españoles trajeron
la cultura española. 16. Llevaron plantas y productos que no se conocían en
España.

19. 1. Los mexicanos estuvieron bajo el dominio español por trescientos años.
2. Los colonos deseaban tener un gobierno propio. 3. Vieron que podían hacer
lo mismo en Nueva España. 4. En 1808, España fue invadida y ocupada por
el ejército francés. 5. Duró siete años. 6. En 1810 Hidalgo proclamó la
independencia de México. 7. Hidalgo fue un sacerdote católico. 8. Hidalgo no
atacó la capital y fue al norte. 9. Cuando Hidalgo fue al norte muchos de los
soldados mexicanos desertaron del ejército. 10. Morelos fue otro patriota
mexicano. Convocó el primer congreso. 11. El congreso creó varias leyes de
reforma. 12. La capital cayó en septiembre de 1821.

20. 1. Napoleón III envió un ejército francés a conquistar México.
2. Napoleón no creía que los Estados Unidos enviarían tropas a México.
Porque él sabía que no podían. 3. Napoleón pretendía establecer una colonia
francesa en el Nuevo Mundo. 4. El primer intento fue en 1862. 5. El cinco de
mayo los mexicanos opusieron el ataque de los franceses. 6. Napoleón III
proclamó a Maximiliano de Habsburgo emperador de México. 7. Maximiliano
vino a México con su esposa, la archiduquesa Carlota. 8. Algunos mexicanos
los recibieron bien. 9. En esa época Benito Juárez era presidente.
10. Cuando llegó Maximiliano, él se escapó al norte. 11. El partido
conservador y la iglesia apoyaban a Maximiliano. Los mestizos y los indios
no. 12. El presidente Lincoln envió al general Grant a la frontera con México.
13. Exigió a Napoleón III que sacara sus tropas de México. 14. Napoleón III
retiró las tropas francesas de México. 15. Juárez fue al sur para atacar a
Maximiliano. 16. Cuando se enteró del ataque el emperador Maximiliano
salió a la cabeza de un ejército mexicano a combatir con Juárez. 17. Fue
sitiado en Querétaro. 18. Maximiliano ofreció su rendición. 19. La decisión
de la corte fue que Maximiliano fuera ejecutado. 20. Los liberales unificaron
el país.

21. 1. Con la muerte de Benito Juárez el pueblo mexicano perdió otra
oportunidad para lograr una paz y libertad completas. 2. El gobierno de
Porfirio Díaz fue una dictadura. 3. Francisco Madero decidió acabar con el
gobierno de Díaz. 4. Díaz se fue de México. 5. En 1913 el general Victoriano
Huerta tomó el poder y ordenó matar a Madero. 6. En ese tiempo el país
estaba dividido. 7. Cuando México arrestó a marineros estadounidenses en
1914, Estados Unidos ocupó Veracruz. 8. Lucharon contra Carranza porque
no estaban satisfechos con el gobierno de Carranza. 9. En 1917 se elaboró

otra constitución. Dio al gobierno un mayor control sobre la educación, la iglesia, la agricultura y varias industrias, y admitió los sindicatos. 10. No, estas reformas no fueron suficientes. Carranza fue asesinado y Álvaro Obregón subió a la presidencia.

22. 1. El presidente Calles formó el primer partido político de México. 2. El PRI monopolizó la política mexicana por setenta años. 3. Lázaro Cárdenas realizó aun más reformas agrícolas e impuso el control sobre algunas compañías petroleras extranjeras. 4. En la década de los cuarenta, la economía mexicana creció aceleradamente. 5. Se fabricaban aparatos eléctricos, automóviles, productos químicos y acero. 6. Durante los Juegos Olímpicos en México hubo protestas y los manifestantes fueron masacrados por tropas armadas del gobierno. 7. La economía estaba en auge en la década de los setenta. 8. La economía de la década de los ochenta sufrió una de sus peores recesiones. 9. En 1985 en la Ciudad de México se produjo un fuerte terremoto. 10. El terremoto mató a miles de personas y destruyó cientos de edificios. 11. Carlos Salinas intentó renegociar la deuda nacional e iniciar un programa de privatización. 12. El TLCAN, firmado en 1994, es un acuerdo de libre comercio entre México, Estados Unidos y Canadá. 13. Meses después el país experimentó una grave recesión económica que produjo un mayor éxodo a los Estados Unidos. 14. En 2000 Vicente Fox, candidato del Partido de Acción Nacional (PAN), ganó la presidencia. 15. El presidente Fox es conocido por una nueva doctrina de política exterior e internacional. 16. El presidente Felipe Calderón quería luchar contra el narcotráfico. 17. Las elecciones de 2012 derrotaron al PAN y devolvieron el poder al PRI. 18. A finales de 2014 desaparecieron cuarenta y tres estudiantes normalistas del Estado de Guerrero. 19. En 2018 Andrés Manuel López Obrador ganó la presidencia. Fue luchador social.

Repaso 5. A. 1. Los mexicanos estuvieron bajo el dominio de España por trescientos años. 2. El momento oportuno fue cuando España fue invadida por los franceses. 3. México ganó la independencia en 1821. 4. El cinco de mayo de 1862 los franceses fueron derrotados por los mexicanos. 5. En el segundo intento Napoleón III proclamó a Maximiliano emperador de México. 6. Napoleón III sacó sus tropas porque no quería entrar en guerra contra los Estados Unidos. 7. Porfirio Díaz estableció una dictadura. 8. Carranza elaboró una nueva constitución en 1917. 9. Pancho Villa y Emiliano Zapata lucharon contra Carranza. 10. Se llama el Partido Revolucionario Institucional (PRI). 11. La economía creció aceleradamente después de 1940. 12. México sufrió una de sus peores recesiones en la década de los ochenta. 13. El TLCAN es un acuerdo de libre comercio entre México, Estados Unidos y Canadá. 14. En julio de 2000 Vicente Fox ganó la presidencia de México. 15. Fox intentó una doctrina de política internacional; Calderón luchó contra el narcotráfico. 16. No, en 2012 el Partido Revolucionario Institucional (PRI) ganó otra vez las elecciones presidenciales cuando Enrique Peña Nieto fue elegido presidente. 17. En marzo de 2020, la Secretaría de Salud anunció la primera muerte de COVID-19 en México. **B.** Answers will vary.

Tercera parte: Lazarillo de Tormes

Introducción. 1. Carlos V era uno de los emperadores más poderosos de la historia. 2. España era la nación más poderosa del mundo en el siglo XVI. 3. España tenía colonias en el continente americano, en África, en Asia y en partes de Europa. 4. La gente vivía en gran miseria y en la pobreza. 5. *Lazarillo de Tormes* es una novela de estilo picaresco. 6. El protagonista es Lazarillo. Es un pícaro que busca sobrevivir en el mundo.

1. A. 1. Se llamaban Tomé González y Antoña Pérez. 2. Llamaron al muchacho Lazarillo de Tormes porque nació cerca del rió Tormes. 3. Llevaron al padre de Lazarillo a la prisión. Porque robó de los sacos del molino. 4. El padre murió en una batalla contra los moros. 5. La madre fue a Salamanca. 6. Allí alquiló una casita cerca de la universidad. 7. Conoció a Zaide, un mozo negro. 8. Zaide traía pan y carne y leña. 9. Sí, Lazarillo le tenía miedo al principio. 10. Sí, Zaide llegó a ser miembro de la familia. **B.** 1. Falsa. Su padre no era rico. 2. Verdadera. 3. Falsa. Murió en una batalla contra los moros. 4. Falsa. Lavaba la ropa de algunos mozos de caballeriza. 5. Verdadera. 6. Falsa. Tuvo un hermanito.

2. A. 1. Los dos fueron castigados. Porque Zaide había robado de la caballeriza lo que traía a la casa. 2. La madre de Lazarillo fue a trabajar en un mesón. 3. Sí, Lazarillo trabajó también en el mesón. 4. El ciego le ofreció trabajo de guía. 5. Sí, la madre aceptó. 6. Al salir de la ciudad encontraron una estatua de piedra. 7. El ciego le dijo a Lazarillo: —Acércate a la estatua y escucha un gran ruido adentro. 8. Después el ciego le golpeó la cabeza contra la estatua. 9. El ciego le dijo que el mozo del ciego tiene que saber más que el diablo. 10. Lazarillo aprendió que tenía que ser más listo si quería sobrevivir. **B.** 1. Falsa. Zaide robó de la caballeriza. 2. Verdadera. 3. Verdadera. 4. Falsa. Encontraron una estatua de piedra. 5. Falsa. Lazarillo se acercó a la estatua y escuchó.

3. A. 1. El ciego se ganaba la vida rezando por otras personas. 2. Ganaba mucho dinero. 3. El ciego no le daba mucha comida a Lazarillo. 4. Ponía la comida en un saco con candado. 5. No, no le daba mucha comida a Lazarillo. 6. Lazarillo tenía que robar la comida que el ciego guardaba en el saco. 7. Lazarillo le hizo un agujero a la jarra donde el viejo tenía el vino. 8. Sí, el viejo descubrió el engaño. 9. El viejo agarró la jarra y la tiró con fuerza a la cara de Lazarillo. 10. Lazarillo perdió el sentido y estuvo varios días enfermo. **B.** 1. Falsa. El ciego era muy avaro. 2. Falsa. No le daba mucha comida. 3. Verdadera. 4. Verdadera. 5. Falsa. El ciego descubrió el engaño.

4. A. 1. A cambio de comida o dinero el ciego recomendaba remedios a las personas y rezaba por ellas. 2. Llegaron en la época de la cosecha de las uvas. 3. No guardó las uvas porque estaban muy maduras. 4. Le dijo a Lazarillo que iba a ser muy generoso con él. 5. El ciego comió las uvas de dos en dos. Lazarillo comió las uvas de tres en tres. 6. Decidió dejar a su amo

porque era muy cruel con él. 7. Dijo que tenían que cruzar un arroyo.
8. Lazarillo puso al ciego bien enfrente de un pilar de piedra y le dijo que esa era la parte más angosta y que saltara. 9. El viejo saltó y dio con la cabeza en el pilar y cayó medio muerto. 10. Lazarillo corrió de allí lo más rápido que pudo. Llegó al pueblo de Torrijos. **B.** 1. Falsa. Llegaron en la época de la cosecha de uvas. 2. Falsa. Comió las uvas de dos en dos. 3. Falsa. Puso al viejo enfrente de un pilar de piedra. 4. Falsa. El ciego cayó medio muerto. 5. Falsa. Dejó al ciego con la gente que fue a ayudarlo.

5. A. 1. Al día siguiente Lazarillo fue a Maqueda. 2. Llegó a la casa del clérigo para pedir limosna. 3. El clérigo preguntó a Lazarillo si sabía ayudar en misa. 4. Sí, Lazarillo sabía ayudar en misa. Lo había aprendido del ciego. 5. El clérigo era más avaro que el ciego. 6. Era peor que el ciego. 7. Le daba una cebolla de comer cada cuatro días. 8. A las tres semanas Lazarillo estaba muy débil. 9. Lazarillo pensó que otro amo sería peor. 10. No dejó al clérigo porque creía que el tercer amo lo mataría de hambre. **B.** 1. Verdadera. 2. Falsa. No recibió mucho dinero. 3. Falsa. Le dio una cebolla cada cuatro días. 4. Verdadera. 5. Verdadera.

6. 1. No, Lazarillo no comía bien. Estaba muy flaco. 2. El clérigo guardaba pan en el arca. 3. No, el arca estaba siempre cerrada con llave. 4. Vino un vendedor de llaves. 5. Lazarillo compró una llave para el arca. Le pagó con un pan del arca. 6. No, Lazarillo no comió panes ese día. 7. No, el clérigo no notó que faltaban panes. Lo notó mas tarde. 8. El clérigo creyó que había un ladrón en la casa. 9. Lazarillo tuvo la idea de desmigajar los panes como si hubieran sido comidos por ratones y se comió los pedazos. 10. El clérigo creyó esta vez que los ratones se habían comido el pan.

7. 1. El clérigo tapó los agujeros. 2. Cuando el clérigo salió Lazarillo fue a inspeccionar el arca. 3. Se puso muy triste porque no encontró ni un solo agujero abierto. 4. Lazarillo hizo un agujero en el arca con un cuchillo. 5. El clérigo tapó el agujero con otra tablilla. 6. Sí, Lazarillo volvió a hacer más agujeros. 7. El clérigo pidió una ratonera a los vecinos. 8. No podía dormir tranquilo porque creía que había una serpiente en la casa. 9. Lazarillo dormía con su llave en la boca para que su amo no la descubriera. 10. El clérigo creyó que era una serpiente cuando oyó silbar la llave. Le dio a Lazarillo un golpe muy fuerte en la cara.

8. A. 1. En Toledo Lazarillo encontró a un escudero. 2. Era muy bien vestido y de buena apariencia. 3. Era de mañana. 4. Lazarillo pensó que su nuevo amo iba a comprar provisiones para el día. 5. El nuevo amo no compró nada. 6. Lazarillo creyó que no le gustaba nada de allí. 7. A las once entraron a oír misa. 8. Llegaron a la casa del amo a la una de la tarde. 9. La casa tenía un patio y cuartos razonables, pero no tenía muebles, solo una cama. 10. No, no le dio nada de comer. **B.** 1. Verdadera. 2. Falsa. No compró nada. 3. Verdadera. 4. Falsa. Dijo que ya había almorzado. 5. Falsa. Se dio cuenta de que su sufrimiento iba a continuar.

9. A. 1. Lazarillo sacó unos pedazos de pan que traía y se puso a comer. 2. El amo se acercó y le tomó el pedazo de pan más grande y se lo comió. 3. Los dos pasaron la tarde hablando. 4. El escudero dijo que todas las noches había comido afuera. 5. Lazarillo pensó en la mala fortuna que tenía. 6. La cama del escudero era un colchón negro y duro puesto sobre unos viejos bancos. 7. No, Lazarillo no durmió bien porque tenía mucha hambre y la cama era dura. 8. No, no se desayunaron. 9. El escudero fue a oír misa. 9. Le dijo a Lazarillo que hiciera la cama y que fuera a buscar agua. **B.** 1. b. 2. c. 3. b. 4. a. 5. a.

10. A. 1. Lazarillo pensó que quién pensará al ver a su amo caminar por la calle que no ha comido por varios días. 2. Tenían la costumbre de ir al río para ver si encontraban a un hidalgo que las invitaran a almorzar. 3. Lazarillo vio al escudero. 4. Estaba hablando tiernamente con dos de las mujeres. 5. Le pidió que las invitara a almorzar. 6. Empezó a poner toda clase de excusas. 7. Lazarillo estaba en una huerta comiendo hierbas. 8. No, el escudero no vio a Lazarillo. 9. Lazarillo esperó a su amo a ver si traía comida. 10. Sí, Lazarillo consiguió comida. **B.** 1. Falsa. Lazarillo fue a buscar agua. 2. Falsa. Tenían la costumbre de ir al río a buscar a un hidalgo. 3. Verdadera. 4. Falsa. El escudero no la invitó a almorzar. 5. Falsa. Consiguió cuatro libras de pan.

11. A. 1. Lazarillo creyó que el escudero estaría enojado porque había llegado tarde. 2. El escudero le preguntó de dónde venía. Lazarillo le contestó la verdad. 3. Lazarillo le mostró la comida. 4. El amo dijo que ya había comido. 5. No, Lazarillo no creyó lo que dijo su amo. 6. El amo miraba la comida. 7. Lazarillo le quería ofrecer comida. No lo hizo por no ofenderlo. 8. Por fin el escudero le preguntó si era de vaca. 9. Lazarillo le dio un pedazo de la uña y parte del pan. 10. La vida fue buena. **B.** 1. Falsa. Creyó que el escudero estaría enojado. 2. Falsa. Lazarillo le mostró la comida. 3. Verdadera. 4. Verdadera. 5. Falsa. El escudero comió carne y pan.

12. A. 1. No podía salir a pedir comida porque se publicó una ley para expulsar a todos los pobres que no eran de la ciudad. 2. Un día el escudero trajo un real. 3. Envió a Lazarillo a la plaza para comprar pan, vino y carne. 4. Lazarillo se encontró con una procesión en la calle. 5. La viuda gritaba. Decía, —Marido mío, ¿adónde te llevan? ¿A la casa oscura y triste? ¿A la casa donde nunca comen ni beben? 6. Lazarillo se asustó porque creía que iban a llevar al muerto a su casa. 7. Corrió a casa lo más rápido que pudo. 8. El escudero se rió. 9. Sí, Lazarillo volvió a salir. 10. Sí, comieron bien ese día. **B.** 1. Falsa. El escudero envió a Lazarillo a comprar pan, vino y carne. 2. Falsa. Lazarillo se encontró con una procesión. 3. Falsa. La viuda iba gritando. 4. Verdadera. 5. Falsa. El escudero se rió.

13. A. 1.Un hombre y una mujer entraron en la casa del escudero. 2. Querían el alquiler de la casa y de la cama. 3. El escudero debía doce o trece reales. 4. El escudero dijo: —Voy a salir a la plaza a cambiar una moneda de oro. Vuelvan a la tarde y les pagaré lo que les debo. 5. No, el escudero nunca volvió. 6. Esa noche Lazarillo durmió en la casa de las vecinas. Porque no quiso quedarse solo en la casa. 7. Sí, volvieron a la mañana siguiente. 8. Creyeron que Lazarillo sabía donde estaba su amo. 9. Apresaron a Lazarillo. 10. Lazarillo pensó que por lo general eran los mozos que dejaban a sus amos, pero a él lo dejó su amo. **B.** 1. a 2. c 3. a 4. b 5. a

14. A. 1. Las vecinas del escudero ayudaron a Lazarillo a encontrar a su cuarto amo. 2. El cuarto amo de Lazarillo fue un fraile de la Merced. 3. No, el fraile pasaba mucho tiempo fuera del convento. 4. Le dio a Lazarillo sus primeros zapatos. 5. Dejó al fraile porque no podía soportar ese tipo de vida. 6. Su quinto amo fue un buldero. 7. Era astuto y desvergonzado. 8. Lo primero que hacía era dar un pequeño regalo a los sacerdotes. 9. Hacía esto para que invitaran a la gente a comprar bulas. 10. Cuando la gente no compraba sus bulas buscaba otras formas de engañarles o forzarles a comprar bulas. **B.** 1. Falsa El fraile no pasaba mucho tiempo en el convento. 2. Falsa. Los zapatos le duraron ocho días. 3. Falsa. El quinto amo de Lazarillo era un hombre desvergonzado. 4. Verdadera. 5. Falsa. El buldero engañaba a la gente.

15. A. 1. El buldero estaba furioso porque nadie quería comprar las bulas. 2. Apostaron a ver quién pagaba el postre. 3. Después empezaron a pelear y a decirse malas palabras. 4. El alguacil le dijo al buldero que era un farsante. 5. El alguacil volvió a acusar al buldero en la iglesia. 6. El buldero le pidió a Dios que probara a todos presentes que las bulas eran verdaderas. 7. El alguacil cayó al suelo y empezó a dar gritos y a moverse descontroladamente. 8. La gente compró las bulas. 9. Sí, Lazarillo creyó al principio todo lo que había sucedido. 10. Después se dio cuenta del engaño. **B.** 1. Verdadera. 2. Falsa. El buldero y el alguacil se pelearon. 3. Verdadera. 4. Falsa. El alguacil volvió a acusar al buldero en la iglesia. 5. Falsa. La gente compró las bulas.

16. A. 1. Lazarillo pasó a servir a un hombre que pintaba panderos. 2. Su siguiente amo fue un capellán. 3. Le gustó el trabajo de aguador. Porque tenía cierta independencia y siempre tenía suficiente de comer. 4. Ahorró lo suficiente para comprar ropa fina y una espada. 5. No continuó porque vestía de hombre de bien. 6. Lazarillo fue a servir a un alguacil. 7. No quiso seguir trabajando con el alguacil porque le pareció peligroso el trabajo. 8. Después consiguió un trabajo como pregonero de la ciudad. 9. Sí, estuvo muy contento. 10. Se casó con la hija de un arcipreste. **B.** 1. Falsa. Cuatro cántaros y un azote. 2. Falsa. Dejó el trabajo porque tenía ropa fina ahora. 3. Falsa. Trabajó con el alguacil. 4. Verdadera. 5. Verdadera. **C.** Answers will vary.

Vocabulario

a to, at, for
  a cambio de in exchange for
  a consecuencia de as a result of
  a menudo often
  a partir de entonces since then
  a pesar de in spite of
  a veces sometimes
  a ver let's see
  ¿a qué hora? (at) what time?
abajo under
abandonar to abandon
abastecer to supply
el/la **abogado(a)** lawyer
abogar to advocate
abordar to board, to get on
el **abrazo** hug, embrace
el/la **abuelo(a)** grandfather; grandmother
  los **abuelos** grandparents
acá here
acabar de to have just
el **aceite** oil
acelerar to accelerate, speed up
  aceleradamente rapidly
aceptar to accept
acercarse(a) to approach
el **acero** steel
acompañar to accompany
acostarse (ue) to go to bed
el **acto** act
  el **salón de actos** auditorium
el **acueducto** aqueduct
el **acuerdo** agreement
  de acuerdo in agreement
  estar de acuerdo to agree
acusar to accuse
adelantado(a) advanced
además besides, moreover
  además de besides
admitir to admit, to accept

el **adobe** adobe
¿adónde? (to) where?
el **adorno** ornament, decoration
adquirir (ie) to acquire, get
el **aeropuerto** airport
agarrar to pick up, grasp
agregar to add
el **agua** (f.) water
el/la **aguador(a)** water carrier, seller
el **agujero** hole
ahí there
ahora now
al to the, at the, in the
  al aire libre outdoor
  al lado de next to, by
  al principio at the beginning
alcanzar to reach
alegrarse to cheer up
  alegrarse (de) to be glad
Alemania Germany
algo something
  algo de (tomar) something to (drink)
el **alguacil** constable, police officer
alguno(a) some, any
aliado(a) allied
aliarse to make an alliance
el **alimento** food
alistarse (en) to enlist (in)
allí there
almorzar (ue) to eat lunch
alquilar to rent
el **alquiler** rent
alrededor around
  los **alrededores** vicinity
alto(a) high, tall
el/la **alumno(a)** pupil, student
alzar to lift
amable friendly, kind
amar to love
ambos(as) both
americano(a) American
el/la **amigo(a)** friend
la **amistad** friendship
el/la **amo(a)** master; mistress

el amor love
ampliar to expand
ancho(a) wide
andar to walk; go around
angosto(a) narrow
el anillo ring
animar to encourage, cheer up
¡anímate! cheer up!
ansiosamente anxiously
antes before
antiguo(a) old, ancient
anual annual
el año year
anunciar to advertise
apaciguar to appease
el aparato device, appliance
el apellido last name, surname
apenas barely, hardly
aplacar to appease
apostar to make a bet
apoyar to support
el apoyo support
aprender to learn
aprender de memoria to memorize
apresar to arrest, seize
aprovecharse (de) to take advantage (of)
aquel, aquello that
aquellos(as) those
aquí here
el árbol tree
el arca *(f.)* chest, box
la archiduquesa archduchess
el arcipreste archpriest
arder to burn
el arma *(f.)* weapon
el arma de fuego firearm
la arquitectura architecture
arrepentirse (ie, i) (de) to repent, regret
el arroyo stream
el arte *(f.)* art
la artesanía handicraft
el artículo article

así so, thus
así como just like
el asiento seat
la asignatura school subject
la astucia cunningness
astuto(a) clever, cunning
asustarse to be frightened
atacar to attack
el ataque attack
atender to attend
atender a negocios to take care of business
atravesar (ie) to cross
atreverse (a) to dare to
el auge boom
el aula *(f.)* classroom
aun even, including
aún yet, still
aunque even though, although
la ausencia absence
el automóvil automobile
el/la autor(a) author
avanzado(a) advanced
avanzar to advance
avaro(a) greedy, stingy
la avenida avenue
la aventura adventure
el/la aventurero(a) adventurer
el avión airplane
la ayuda aid, help
ayudar to aid, help
azotar to whip
el azote whip
la azotea flat roof of a building
azteca Aztec
azul blue

B

bailar to dance
el baile dance
bajo under
bajo(a) short
el banco bench; bank
el baño bathroom

la **barba** beard
el **barco** ship
    bastante sufficient, enough; quite
la **batalla** battle
    beber to drink
la **bebida** drink
la **beca** scholarship
el **béisbol** baseball
    besar to kiss
el **beso** kiss
la **bestia** beast
la **biblioteca** library
    bien well; right
    bienvenido(a) welcome
el **billete** bill
    blanco(a) white
el **boleto** ticket
el **bolígrafo** ballpoint pen
la **bolsa** bag
    bonito(a) pretty, good-looking
el **bosque** woods, forest
el **brazo** arm
    bromear to joke
    bueno(a) good, well
      ¡qué bueno! how nice!, great!
la **bula** indulgence
el **buldero** seller of indulgences
    (pardoner of sins)
    buscar to search, look for
    en busca de in search of
la **búsqueda** search

C

el **caballero** knight, gentleman
el **caballo** horse
    a caballo horseback
el **cacahuate** peanut
el **cacique** chief
    cada each, every
    caer to fall
el **café** coffee
la **caída** fall, downfall
la **calavera** skull
el **caldo** broth

la **cama** bed
    cambiar to change, to exchange
el **cambio** change, exchange
    a cambio de in exchange for
el **camino** path, route, way
    camino a on the way to
la **camisa** shirt
el **campamento** camp,
    encampment
el **campeonato** championship
la **canción** song
el **candado** padlock
la **canoa** canoe
    cantar to sing
el **cántaro** large pitcher
la **cantidad** amount
el **cañón** cannon
el **capellán** chaplain
la **capital** capital (city)
el **capitán** captain
la **cara** face
el **cargo** job position, post
la **carne** meat
    caro(a) expensive
la **carrera** race; career
la **carretera** road
el **carro** car
la **carta** letter
la **casa** house
    casarse (con) to get married
    (to)
    casi almost
el **caso** case
    castigado(a) punished
    castigar to punish
el **castigo** punishment
la **catedral** cathedral
la **cebolla** onion
la **celebración** celebration
    celebrar to celebrate
la **cena** supper, dinner
    cenar to eat supper, dine
el **centro** center; downtown
la **cera** wax
    cerca (de) near

la **cereza** cherry
cerrar (ie) to close
  cerrar con llave to lock
cesar to cease
la **charla** conference, lecture
el/la **chico(a)** boy, girl
chileno(a) Chilean
ciego(a) blind
el/la **ciego(a)** blind person
cien, ciento one hundred
la **ciencia** science
cierto(a) certain
  es cierto that's right, that's
    true
la **cima** top, summit
cinco five
el **cine** movies, cinema
la **cita** appointment, date
  hacer una cita to make an
    appointment
la **ciudad** city
la **Ciudad de México** Mexico City
¡claro! of course!
la **clase** class, lesson, course
clavar to nail
el **clavo** nail
el **clérigo** clergyman, priest
la **cobardía** cowardliness
cocido(a) cooked
la **cocina** kitchen
cocinar to cook
el/la **cocinero(a)** cook
coger to catch, grasp, seize
el **colchón** mattress
la **colección** collection
coleccionar to collect
el **colegio** school, high school
la **colina** hill
la **colonia** colony
colonial colonial
el/la **colonizador(a)** colonizer
el **colono** colonist
el **color** color
el **comedor** dining room
comer to eat

el/la **comerciante** merchant
comerciar to trade
el **comercio** business, commerce
la **comida** food
como like, as; since
¿cómo? how?, what?
  ¡cómo no! of course!
cómodo(a) comfortable
el/la **compañero(a)** classmate
compartir to share
componer to compose
la **compostura** composure
comprar to buy
la **computadora** computer
común common
con with
concebir (i) to conceive
el **concurso** contest
la **condición** condition
conducido(a) led
conducir to lead
confesar (ie) to confess
conmemorar to commemorate
conmigo with me
conocer to know, meet
conocido(a) well known
la **conquista** conquest
conquistar to conquer
consagrado(a) dedicated
conservador(a) conservative
considerar to consider
consistir (en) to consist (of)
construir to build
construido(a) built
contar (ue) to count; tell
contenerse to contain oneself
contento(a) happy, content
contestar to answer
contigo with you
continuar to continue
contra against
  en contra de against
contrariado(a) upset
convertir (ie, i) to convert
convertirse (en) to become

convocar to call (together)
la **copa** cup
el **corazón** heart
  corregir (i) to correct
  correr to run
  corresponder to correspond
la **corrida de toros** bullfight
  cortar to cut (off)
la **cosa** thing
la **cosecha** harvest
la **costa** coast
la **costumbre** custom
  es costumbre it is customary
  creer to believe; think
el/la **criado(a)** servant
  cruzar to cross
el **cuaderno** notebook
el **cuadro** picture, painting
  cual which
  ¿cuál(es)? which?
  cuando when
  ¿cuándo? when?
  cuanto(a) as much as; as many as
  ¿cuánto(a)? how much?; how many?
el **cuartel** barrack, quarters
  cuarto(a) fourth
el **cuarto** room; quarter, fifteen minutes (in telling time)
  cuatro four
  cubrir to cover
el **cuchillo** knife
la **cuenta** bill, account
el **cuento** story
el **cuero** leather
  cuidar (de, a) to take care of, to look after
el **cumpleaños** birthday
  cumplir to execute, accomplish, obey
    cumplir años to reach one's birthday
el **cura** priest
la **cura** cure

curar to cure
el **curso** course
cuyo(a) whose

D

dar to give
  dar en to hit
  darse cuenta to realize
de of, from; about
  de repente suddenly
  de verdad really, truly
  de veras really, indeed
  de vuelta back
debajo (de) underneath
deber ought to, to have to, should; to owe
débil weak
decidir to decide
decir to say, tell
la **declamación** declamation, recitation
dedicar to dedicate
defender (ie) to defend
dejar to leave, abandon
del of the, from the
delicioso(a) delicious
el **delito** crime
los **demás** the rest, the others
demasiado too, too much
demostrar (ue) to demonstrate, show
depender (de) to depend (on)
el **deporte** sport
depuesto(a) deposed
la **derecha** right
  a la derecha to the right
derecho(a) right; straight
el **derecho** right
la **derrota** defeat
derrotar to defeat
desaparecer to disappear
desarrollar to develop
desayunar to eat breakfast
descender (ie) to descend

el **descendiente** descendant
descontroladamente
    uncontrollably
describir to describe
descubierto(a) discovered
descubrir to discover
desde from; since
la **desdicha** misfortune, misery
desdichado(a) poor, wretched
    ¡**desdichado de mí!** wretched
        me!
desear to wish
desertar (ie) to desert
desesperado(a) desperate
desesperarse to despair
desmigajar to crumble
el **despacho** office
despedirse (i, i) (de) to say
    good-bye
despertarse (ie) to wake up
después (de) after, afterwards
desterrado(a) exiled, banished
desterrar (ie) to exile, banish
el **destierro** exile
destruir to destroy
desvergonzado(a) shameless
la **deuda** debt
devolver to return (an item)
el **día** day
    hoy (en) día today, at present
diciembre December
la **dictadura** dictatorship
diecisiete seventeen
diez ten
difícil difficult
Dios God
el/la **dios(a)** god, goddess
la **dirección** address; direction
el/la **director(a)** principal
dirigirse to address
el **discurso** discourse; speech
disparar to shoot
el **disparo** shot
la **distancia** distance
el **distrito** district

la **diversión** entertainment, fun
divertido(a) fun, funny, amusing
doce twelve
el/la **doctor(a)** doctor
doler (ue) to hurt, feel pain
el **domingo** Sunday
el **dominio** rule, domination
donde where
¿**dónde?** where?
    ¿**en dónde?** where?, in what
        place?
    ¿**para dónde?** to what place?
el **dormitorio** bedroom
dos two
    de dos en dos two at a time
durante during, while
durar to last

E

echar to throw, throw out
el **edificio** building
Egipto Egypt
ejecutar to execute
el **ejemplo** example
el **ejército** army
el **el** the
él he, him
ella she, her
ellos(as) they, them
emocionado(a) displaying much
    emotion; moved
emocionante exciting
empeorar to worsen
el **emperador** emperor
la **emperatriz** empress
empezar (ie) to begin
el **empleo** job, work
en in, on, at
    en aquel entonces at that
        time
    en busca de in search of
    en la época de at the time of
    en su mayor parte for the
        most part

enamorarse (de) to fall in love (with)

encender (ie) to turn on

encontrar (ue) to find

encontrarse (con) to meet, come across, run into

el/la **enemigo(a)** enemy

la **enfermedad** illness

enfermo(a) ill, sick

enfrentar face

enfrente (de) in front of, opposite

enfurecerse to become infuriated

engañar to deceive

el **engaño** trick, ruse

enojarse to become angry

enorme huge, very large

el **ensayo** essay

enseguida soon after

enseñar to teach

enterarse (de) to find out (about)

enterrar (ie) to bury

el **entierro** burial, funeral

entonces then

   en aquel entonces at that time

la **entrada** entrance; admission ticket

entrar (en) to enter (into)

entre between, among

entregar to present; hand in, hand out

entrevistarse (con) to meet (with)

enviar to send

el **equipaje** baggage

el **equipo** team

escapar to escape

escoger to choose

escribir to write

el **escritorio** desk

escuchar to listen

el **escudero** esquire

la **escuela** school, grade school

la **escultura** sculpture

ese(a) that

esforzarse to apply oneself

esos(as) those

la **espada** sword

espantar to spook, scare away

España Spain

español(a) Spanish

el **español** Spanish

la **esperanza** hope

esperar to wait, expect; hope

el/la **esposo(a)** husband; wife

establecer to establish

el **estado** state

los **Estados Unidos** United States

estadounidense of the United States

la **estampilla** postal stamp

el **estante** bookcase

estar to be

   estar de acuerdo to agree

el **este** east

este(a) this

el **estilo** style

estos(as) these

la **estrofa** stanza

el/la **estudiante** student

   estudiantes normalistas teacher-training students

estudiar to study

el **estudio** study

estudioso(a) studious

europeo(a) European

evangelizar to evangelize

evitar to avoid

el **examen** exam

excepto except

exclamar to exclaim

exigir to demand

existir to exist

la **experiencia** experience

explicar to explain

expulsar expel

extender (ie) to extend

extranjero(a) foreign; foreigner

extraño(a) strange, odd

la **fábrica** factory
fabricar to produce, make
la **falta** lack
faltar to be wanting, to lack
la **familia** family
famoso(a) famous
el **farsante** fraud
el **favor** favor
   por favor please
favorito(a) favorite
felicitar to congratulate
feliz happy
felizmente happily; fortunately
feo(a) ugly
el **feriado** holiday
feroz ferocious, fierce
ferozmente fiercely
el **ferrocarril** railroad
festejar to celebrate
la **fiesta** party
la **figura** figure, picture
fijarse (en) to take notice (of),
  pay attention (to)
  ¡fíjate! imagine!
el **fin** end
  el fin de semana weekend
  por fin finally
el **final** end
  al final in the end, at the end
finalmente finally
flaco(a) skinny
florecer to flourish
la **flota** fleet
flotante floating
flotar to float
forzar (ue) to force
la **foto(grafía)** photo(graph), picture
el **fraile** friar
francés(esa) French
el **francés** French
frente (a) in front (of), before
la **frente** forehead
la **fresa** strawberry

la **frontera** border, boundary
fronterizo(a) border
fuera (de) out (of), outside
fuerte strong
el **fuerte** fort
la **fuerza** strength, force
fundar to found
fusilar execute by firearm
el **fútbol** soccer
  el fútbol americano football
futuro(a) future
el **futuro** future

el **gabinete** cabinet
la **galantería** compliment
el/la **ganador(a)** winner
ganar to win, earn
  ganarse la vida to earn a
  living
garantizar to guarantee
el **garrote** stick, club
gastar to spend
general general
  por lo general generally,
  usually
generalmente usually, generally
la **gente** people
el/la **gobernador(a)** governor
el **gobierno** government
el **golpe** blow
golpear to hit
la **grabadora** tape recorder
grabar to (tape) record
gracias thank you
el **grado** degree
grande big, large
Grecia Greece
gritar to shout, scream
el **grito** scream, cry
la **guerra** war
el **guerrero** warrior
el/la **guía** guide
gustar to be pleasing, like

el **gusto** taste, pleasure
    mucho gusto nice to meet you
    con mucho gusto with pleasure

H

haber *(aux.)* to have
había there was, there were
el/la **habitante** inhabitant
habitar to inhabit
el **habla** *(f.)* speech
    habla española Spanish-speaking
hablar to speak, talk
hace (cuatro siglos) (four centuries) ago
hacer to make, do
    hacer caso de to pay attention to something
    hacerle caso a to pay attention to someone
    hacer cuentas to calculate
    hacer las paces to make peace
    hacer una cita to make an appointment
    hacer prisionero to imprison
hacerse to become; pretend
hacia toward
la **hacienda** ranch
el **hambre** *(f.)* hunger
    tener hambre to be hungry
hasta until; even
hay there is, there are
hecho(a) made, done
el **hecho** fact
el **helado** ice cream
la **herencia** heritage
la **herida** wound
herido(a) wounded
el/la **hermano(a)** brother; sister
    los hermanos siblings; brothers

hermoso(a) beautiful
la **hermosura** beauty
el **héroe** hero
el **heroísmo** heroism
el **hidalgo** nobleman
la **hierba** herb
el/la **hijo(a)** son; daughter
    los hijos children, sons and daughters
la **historia** history
el/la **historiador(a)** historian
la **hoguera** bonfire
hola hello
el **hombre** man
el **honor** honor
honrar to honor
la **hora** hour
    hospedado(a) housed, lodged
    hostil hostile
    hoy today
    hoy (en) día today, at present
la **huerta** orchard
el **huerto** fruit or vegetable garden
el **hueso** bone
    huir to flee
    humano(a) human
      el ser humano human being
    humilde humble
    hundir to sink

I

el **idioma** language
la **iglesia** church
    ilustre illustrious, celebrated
    impaciente impatient
el **imperio** empire
la **importancia** importance
    importar to be important; matter
    impresionar to impress
    independizarse (de) to win independence (from)
    indígena native
el/la **indio(a)** native
la **industria** industry

la **información** information
informar to inform
el/la **ingeniero(a)** engineer
Inglaterra England
inglés(esa) English
el **inglés** English
iniciar to start, begin
el **inicio** beginning, start
inmediatamente immediately
la **instrucción** instruction
integrar make up
la **inteligencia** intelligence
la **intención** intention
el **intento** attempt, try
intercambiar to exchange
interceder to intercede,
    intervene
el **interés** interest
interesante interesting
interesar to interest
interior interior, inner
el **interior** interior, inside
el/la **intérprete** interpreter
invadir to invade
la **invasión** invasion
el/la **invasor(a)** invader
el **invierno** winter
el/la **invitado(a)** guest
invitar to invite
ir to go
Irlanda Ireland
irse to go away

J

el **jardín** garden
la **jarra** earthen jar, jug
joven young
el/la **joven** young man, young
    woman
    los **jóvenes** young people
el **juego** game
el **jueves** Thursday
el/la **juez(a)** judge
el/la **jugador(a)** player

jugar (ue) to play
el **juicio** judgment
julio July
junio June
junto (a) near, close to
    junto con along with

L

la the; her, it
    la que the one that
el **lado** side
el **ladrillo** brick
el **ladrón** thief
el **lago** lake
lanzar to launch
el **lápiz** pencil
largo(a) long
las the; them
lavar to wash
le to him, to her, to you
la **lealtad** loyalty
la **leche** milk
el **lecho** bed
leer to read
lejos (de) far (from)
la **lengua** language, tongue
el **lenguaje** language
la **leña** firewood
les to them, to you
la **ley** law
la **leyenda** legend
liberar to free
la **libra** pound
librar (una batalla) to fight (a
    battle)
libre free
el **libro** book
el **liderazgo** leadership
la **limosna** charity
    pedir limosna to beg
lindo(a) pretty
listo(a) clever, smart
    estar listo(a) to be ready
    ser listo(a) to be clever

la **llama** flame
la **llamada** call
  llamar to call
    llamar a la puerta to knock
      on the door
  llamarse to be named
la **llave** key
  cerrar con llave to lock
la **llegada** arrival
  llegar to arrive
    llegar a ser to become
  llenar to fill
  llenarse (de) to become full (of)
  lleno(a) full
  llevar to carry, take; wear
    llevar a cabo to carry out
  llorar to cry
    llorar su derrota to cry over
      his defeat
  llover (ue) to rain
la **lluvia** rain
  lo him, it
    lo primero the first thing
  loco(a) crazy
    volverse (ue) loco(a) to go
      crazy
  lógicamente naturally
  lograr to accomplish, manage
  los the; them
la **loza** slab
  luchar to fight
  luego later, then
el **lugar** place
  lujoso(a) luxurious
el **lunes** Monday
el **luto** mourning
  de luto in mourning
la **luz** light

M

la **madre** mother
  maduro(a) ripe
  magnífico(a) magnificent
el **maíz** corn

el **mal** evil
  malo(a) evil, bad
  maltratar to mistreat
el **maltrato** mistreatment
la **mamá** mother
  mandar to send; order
el **mando** command
  al mando de under the
    command of
la **manera** manner, way
la **manifestación** protest
el/la **manifestante** protester
el **manjar** delicacy
la **mano** hand
  mantener to maintain, support
  mantenerse to support oneself
la **manzana** apple
la **mañana** morning; tomorrow
  por la mañana in the morning
  a la mañana siguiente the
    next morning
el **mapa** map
el **mar** sea
la **marcha** march
el **marido** husband
el/la **marinero(a)** sailor
la **mariposa** butterfly
  marrón brown
el **martes** Tuesday
  más more
    más que more than
la **masa** mass
la **matanza** slaughter
  matar to kill
    matar de hambre to kill by
      starvation
las **matemáticas** mathematics
  mayo May
  mayor greater, principal, main
    el mayor the oldest
    hermano mayor oldest
      brother
    persona mayor elder
la **mayoría** majority
  me me, to me

el **médico** physician
el **mediooeste** midwest
mejor better, best
la **mejora** improvement, progress
mejorar to improve
la **memoria** memory
 de memoria by heart
 aprender de memoria to
  memorize
 menor smaller, lesser
  el hermano menor younger
   brother
 menos less
el/la **mensajero(a)** messenger
el **mercado** market
el **mes** month
la **mesa** table
el **mesón** inn
la **meta** goal
meter to put in
 meter la pata to put one's foot
  in one's mouth
mexicano(a) Mexican
mezclar to mix
mi(s) my
mí me
el **miedo** fear
 tener miedo (de, a) to be
  afraid (of)
el **miembro** member
mientras (que) while, as
 mientras tanto meanwhile
el **miércoles** Wednesday
mil thousand
militar military
el **minuto** minute
mío(a) mine
mirar to look at
la **misa** mass
el/la **misionero(a)** missionary
mismo(a) same
la **mitad** half
moderno(a) modern
molestar to bother, annoy
el/la **molinero(a)** miller

el **molino** mill
el **momento** moment
la **moneda** coin
la **montaña** mountain
montar to mount, ride
 montar a caballo to ride
  horseback
morir (ue, u) to die
el/la **moro(a)** Moor
mostrar (ue) to show
la **moto(cicleta)** motorcycle
mover (ue) to move
el **mozo** servant, young man
 el mozo de caballeriza
  stableman
el/la **muchacho(a)** boy; girl
mucho(a) much, a lot of;
 many
el **mueble** piece of furniture
 los muebles furniture,
  furnishings
la **muerte** death
el/la **muerto(a)** dead man; dead
 woman
mundial world
el **mundo** world
la **música** music
muy very, too

nacer to be born
nacido(a) born
la **nación** nation
nada nothing
nadie no one, nobody
el **narcotráfico** drug trafficking
la **nariz** nose
la **natación** swimming
la **navegación** navigation
necesitar to need
necio(a) stupid
negarse (a) to refuse (to)
el **negocio** business
negro(a) black

ni neither, nor
   ni... ni neither . . . nor
   ni siquiera not even
ninguno(a) none
el/la **niño(a)** boy; girl
   los niños children
el **nivel** level
   el nivel universitario college
   level
la **noche** night
   nombrar to name, appoint
el **nombre** name
el **norte** north
   nos us, to us
   nosotros(as) we; us
   notar to notice
la **noticia** news, information
la **novela** novel
   noviembre November
el/la **novio(a)** boyfriend; girlfriend
   nuestro(a) our; ours
   nuevo(a) new
el **número** number
   nunca never

O

o or
obligar to force
la **obra** work
   obtener to obtain
la **ocasión** occasion, opportunity
   ocho eight
   ocurrir to occur, happen
   odiar to hate
el **oeste** west
la **oferta** offer
el/la **oficial** officer
   ofrecer to offer
el **oído** ear
   oír to hear
el **ojo** eye
   olvidar to forget
   once eleven
   oponer to oppose

la **oportunidad** opportunity
   oportuno(a) opportune,
   appropriate
el/la **opositor(a)** opponent
la **oración** prayer
el **orden** order
   a sus órdenes at your service
   ordenar to order
   orgulloso(a) proud
   oriental eastern
el **origen** origin
la **orilla** shore
el **oro** gold
   orondo(a) jaunty, cocky
la **oscuridad** darkness
   oscuro(a) dark
el **otoño** autumn. fall
   otro(a) another, other
   al otro día the next day

P

el **padre** father; priest
   los padres parents
   pagar to pay
el **país** country, nation
la **paja** straw
el **palacio** palace
el **palo** stick
las **palomitas de maíz** popcorn
el **pan** bread
el **pandero** tambourine
la **pantalla** screen
el **papá** father
el **par** pair
   para for, to, toward, in order to
   parar to stop
   parecer to look like, resemble
   parecido(a) similar
la **pared** wall
el/la **pariente** relative
el **parque** park
la **parrilla** grate
la **parte** part
   participar to participate

particular private, individual, particular

el **partido** game; (political) party

partir to depart, leave

pasado(a) past, last

el **pasado** past

pasar to pass, spend, happen

el **pasatiempo** pastime

pasear to take a walk, stroll

la **pata** foot, paw (animals)

    meter la pata to put one's foot in one's mouth

la **patria** fatherland

el/la **patriota** patriot

patriótico(a) patriotic

el **pedazo** piece

pedir (i, i) to ask for

    pedir limosna to beg

pegar to hit, strike

pelear to fight

la **película** film, movie

peligroso(a) dangerous

el **pelo** hair

pensar (ie) to think, plan

peor worse, worst

pequeño(a) small, little

perder (ie) to lose

la **pérdida** loss

perfectamente perfectly

el **periódico** newspaper

permanecer to stay, remain

pero but

el **perro** dog

la **persona** person

el **personaje** character

el **pesar** grief, regret

    a pesar de in spite of

petrolero(a) oil (*adj.*)

picaresco(a) picaresque

el **pícaro** rogue, rascal

el **pie** foot

la **piedra** rock, stone

la **pierna** leg

la **pirámide** pyramid

el **piso** floor; story (in a building)

la **pizarra** blackboard

el **placer** pleasure

el **plan** plan

planear to plan

el **plano** plan

la **plata** silver; money

la **playa** beach

la **plaza** city square

la **pluma** pen

la **población** population

poblado(a) populated

pobre poor

la **pobreza** poverty

poco(a) little, not much; few

poder (ue) to be able to, can

el **poder** power

poderoso(a) powerful

el **poema** poem

la **poesía** poetry

el/la **poeta** poet

polemico(a) controversial

la **política** politics; policy

    política exterior foreign policy

político(a) political

poner to put, place

    poner excusas to make excuses

ponerse to put on, to become

por by, on behalf of, through, for, because of

    por ejemplo for example

    por eso therefore

    por fin finally

    por favor please

    por lo general in general

    por medio de by means of

¿**por qué?** why?

porque because

practicar to practice; to play

práctico(a) practical

precioso(a) gorgeous, precious

preferido(a) preferred, favorite

preferir (ie, i) to prefer

el/la **pregonero(a)** town crier

la **pregunta** question
preguntar to ask (a question)
preliminar preliminary
el **premio** prize
preocuparse (de) to worry (about)
preparar to prepare
prepararse to prepare oneself
presentar to present
el/la **presidente(a)** president
prestado(a) borrowed
presumido(a) presumptuous
pretender to intend
la **primaria** elementary school
la **primavera** spring
primero(a) first
el **principal** main, principal
el **principio** beginning
al principio in the beginning
el/la **prisionero(a)** prisoner
hacer prisionero to imprison
probar (ue) to test; try (on); prove; taste
proclamar to proclaim, announce
producir to produce
el/la **profesor(a)** teacher
la **promesa** promise
prometer to promise
pronto soon, quickly
pronunciar to pronounce
propio(a) own
proponer to propose
la **propuesta** proposition, proposal
la **protección** protection
proteger to protect
próximo(a) next, close to
público(a) public
el **pueblo** town, village
el **puente** bridge
la **puerta** door
el **puerto** harbor, port
puertorriqueño(a) Puerto Rican
el **puesto** job position, post

puesto que since
el **punto** point, period
el **pupitre** student desk

que that, who, which, what
¿qué? what?
¡qué bueno! how nice!, good!
quedar to be left, be located
quedarse to stay, remain
quejarse to complain
quemar to burn
querer (ie) to want, wish, love
querer decir to mean
querido(a) dear, beloved
el **queso** cheese
quien who, which
¿quién? who?
la **química** chemistry
quince fifteen
quinto(a) fifth
quizá(s) maybe, perhaps

R

el **racimo (de uvas)** bunch (of grapes)
la **raíz** root
rápido(a) fast, rapid
el **rato** short time, little while
el **ratón** mouse
la **ratonera** mousetrap
la **raya** stripe, line
a rayas striped
la **raza** race
la **razón** reason, cause
tener razón to be right
el **real** former Spanish silver coin
la **rebelión** rebellion
recibir to receive
recitar to recite
reconstruir to rebuild
el **recreo** recreation
el **recuerdo** memory

la **redacción** composition
reemplazar to replace
el **refresco** soft drink
regalar to give as a gift to
el **regalo** gift
la **región** region
regresar to return
rehusar to refuse
la **reina** queen
el **reino** kingdom, reign
reírse (i) (de) to laugh (at)
la **relación** relation
el **relámpago** lightning bolt
el **reloj** clock, watch
el **remedio** remedy, medicine
la **rendición** surrender
rendirse (i, i) to surrender
el **repente** sudden movement
   de repente suddenly
reponer replace
representar to represent
resolver (ue) to solve; resolve,
  decide
responder to respond, answer
la **respuesta** answer, reply
el **resultado** result
resultar to result
la **retirada** retreat
la **reunión** meeting, reunion
reunirse to meet, gather
el **rey** king
rezar to pray
rico(a) rich
el **rincón** corner
el **río** river
la **riqueza** riches, wealth
robar to steal
rogar (ue) to beg, pray
rojo(a) red
romper to break
roncar to snore
la **ropa** clothing
rosado(a) pink
el **rostro** face
rubio(a) blond; blonde

el **ruido** noise
la **ruina** ruin
rumbo a bound for

el **sábado** Saturday
saber to know
sacar to take out, bring out
   sacar fotos to take photos
el **sacerdote** priest
el **saco** sack, bag
sacrificar to sacrifice
la **sala** living room
la **salchicha** sausage
salir to go out, leave
el **salón de actos** auditorium
saltar to jump
la **salud** health
saludar to greet
sanguinario(a) bloody
sano(a) healthy
la **satisfacción** satisfaction
satisfecho(a) satisfied
la **secundaria** high school
la **sed** thirst
seguir to follow
según according to
segundo(a) second
la **seguridad** assurance, safety
seguro(a) sure; safe
seis six
la **semana** week
   el fin de semana weekend
sentarse (ie) to sit down
el **sentido** sense; consciousness
sentir (ie, i) to feel
   sentir lástima (de, por) to
    feel sorry (for)
el **señor** sir, Mr., gentleman
la **señora** Mrs., Ms., madam
la **señorita** Miss, Ms.
separar(se) to separate
  (oneself)
septiembre September

ser to be
  llegar a ser to become
el ser being
  el ser humano human being
la serpiente serpent
el servicio service
el/la servidor(a) servant
  servir (i, i) to serve
  sesenta sixty
  sexto(a) sixth
  si if
  sí yes
  siempre always
el siglo century
  significar to mean
  siguiente following
  silbar to whistle
la silla chair
el sillón armchair
  sin without
    sin embargo however,
      nevertheless
el sindicato union
  sino but, except
el/la sinvergüenza scoundrel, crook
el/la sirviente(a) servant
  sitiar to besiege
el sitio siege; place
  sobre over; about, on
    sobre todo above all,
      especially
el sobre envelope
  sobrevivir survive
el sol un
  solamente only
el soldado soldier
  sólo only
  solo(a) alone, single
  soñar (ue) to dream
la sopa soup
  soportar to bear
  sorprendido(a) surprised
la sorpresa surprise
    fiesta sorpresa surprise party
  sospechar to suspect

su his, her, their, your
la subasta auction
  subir to raise, increase
    subiendo su sueldo
      increasing their salary
  sublevarse to revolt
el suceso event, happening
  sucio(a) dirty
el sudoeste southwest
  Suecia Sweden
el sueldo salary
el suelo floor, ground
el sueño dream
la suerte luck
el sufrimiento suffering
  sufrir to suffer, endure
  Suiza Switzerland
  supersticioso(a) superstitious
el sur south
  sus their, your

T

la tabla board, plank
    la tablilla small board
  tal such, as, so
    tal vez maybe
el tamaño size
  también too, also
  tampoco neither, not either
  tan so, so much, as much
    tan... como as . . . as
  tanto(a) so much; so many
  tapar to cover
  tarde late
la tarde afternoon
  te you, to you
el teatro drama, theater
el techo roof
la teja tile
la tela cloth, fabric
el teléfono telephone
  temblar (ie) to tremble, shake
  temer to fear
el templo temple

tener to have
    tener... años to be . . . years old
    tener ganas (de) to want (to)
    tener lugar to take place
    tener miedo (de) to be afraid (of)
    tener que to have to
    tener razón to be right
tercero(a) third
terminar to finish, to end
el **terremoto** earthquake
el/la **tesorero(a)** treasurer
el **tesoro** treasure
el **tiempo** time; weather
la **tienda** store
    tiernamente tenderly
la **tierra** land
la **tinta** ink
el **tipo** type, sort
    tirar to throw (away)
    TLCAN NAFTA
    tocar to touch
    tocar a la puerta to knock on the door
    todavía still, yet
    todo(a) all
    todos everyone, everybody
    tomar to take; drink
    tonto(a) foolish, stupid
la **tormenta** storm
el **toro** bull
    trabajar to work
el **trabajo** work
    traducir to translate
    traer to bring
la **traición** treason, betrayal
    traicionar to betray
el/la **traidor(a)** traitor
    tranquilo(a) quiet, tranquil
    tratar to try; treat
el **trato** treatment
    travieso(a) mischievous
    trece thirteen
    treinta thirty

el **tren** train
    tres three
    de tres en tres three at a time
la **tribu** tribe
la **tripa** intestine
    triste sad
la **tristeza** sadness
la **tropa** troop
el **trueno** thunder
    tu(s) your
    tú you
    tupido(a) thick
el/la **turista** tourist
    turístico(a) tourist
    Turquía Turkey
    tuyo(a) yours

U

    último(a) last
    por último finally, lastly
    único(a) sole, single, only
    unir to unite, join
la **universidad** university
    uno(a) a, an; one
    unos(as) some, a few
la **uña** nail, hoof, claw
    usar to use
    usted you
    ustedes you
    utilizar to utilize
la **uva** grape

V

la **vaca** cow
la **vacación**
    estar de vacaciones to be on vacation
la **valentía** courage, bravery
    valiente brave, courageous
    varios(as) various
el **vasallo** vassal
el/la **vecino(a)** neighbor

veinte twenty
vender to sell
la venganza revenge
vengarse (de) to take vengeance
venir to come
la ventana window
ver to see
el verano summer
las veras fact
    de veras really, indeed
la verdad truth
    de verdad really, indeed
    es verdad that's true
verdadero(a) real, true
verde green
la verdura vegetable
verídico(a) actual
el vestido dress
vestirse (i, i) to dress, get dressed
la vez time, occasion
    a veces sometimes
    una vez once, on one occasion
viajar to travel
el viaje trip
la vida life
viejo(a) old
el/la viejo(a) old man; old woman

el viernes Friday
el vino wine
la visita visit; visitors, guests
    tener visita to have guests
visitar to visit
la vista view, sight
el/la viudo(a) widower; widow
vivir to live
el vocabulario vocabulary
el volcán volcano
volver (ue) to return
    volver a (+ *infinitive*) to . . . again
    volver en sí to come to
volverse to become
    volverse loco(a) to go mad
la voz voice

Y

y and
ya already; finally; now; right now
yo I

Z

el zapato shoe